坂本和久

令和版 困った時はココ!

東京近郊キラキラ釣り場案内60 Part3

タナゴ、フナ、ヤマベ、
ハゼ、テナガエビ

つり人社

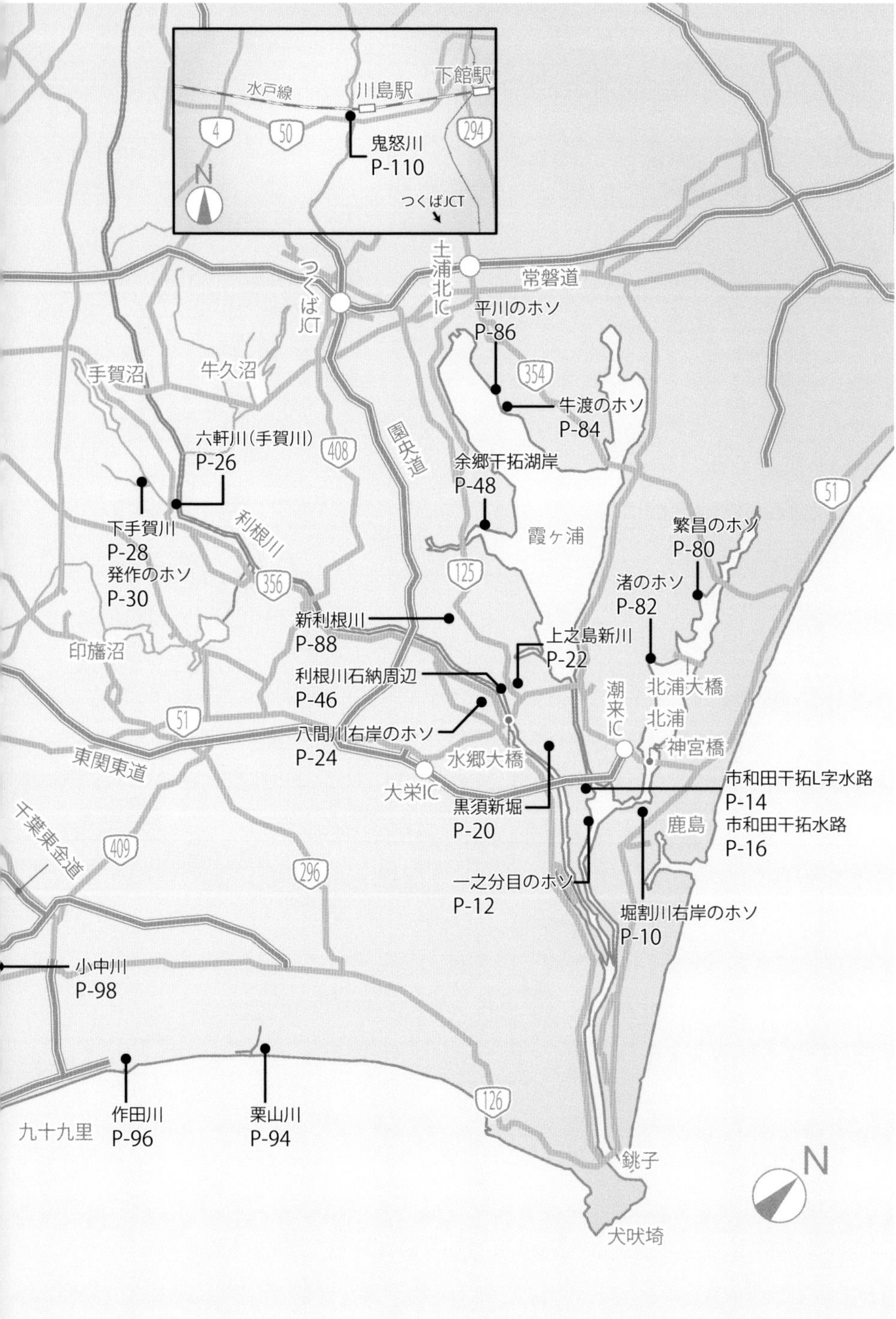

水戸線
川島駅
下館駅
4
50
294
鬼怒川
P-110
N
つくばJCT
土浦北IC
常磐道
つくばJCT
平川のホソ
P-86
354
牛渡のホソ
P-84
手賀沼
牛久沼
六軒川(手賀川)
P-26
408
園央道
余郷干拓湖岸
P-48
51
下手賀川
P-28
発作のホソ
P-30
利根川
霞ヶ浦
繁昌のホソ
P-80
125
356
渚のホソ
P-82
新利根川
P-88
上之島新川
P-22
印旛沼
利根川石納周辺
P-46
北浦大橋
潮来IC
北浦
51
八間川右岸のホソ
P-24
神宮橋
水郷大橋
東関東道
大栄IC
市和田干拓L字水路
P-14
黒須新堀
P-20
鹿島
市和田干拓水路
P-16
千葉東金道
409
296
一之分目のホソ
P-12
堀割川右岸のホソ
P-10
小中川
P-98
126
作田川
P-96
栗山川
P-94
九十九里
銚子
N
犬吠埼

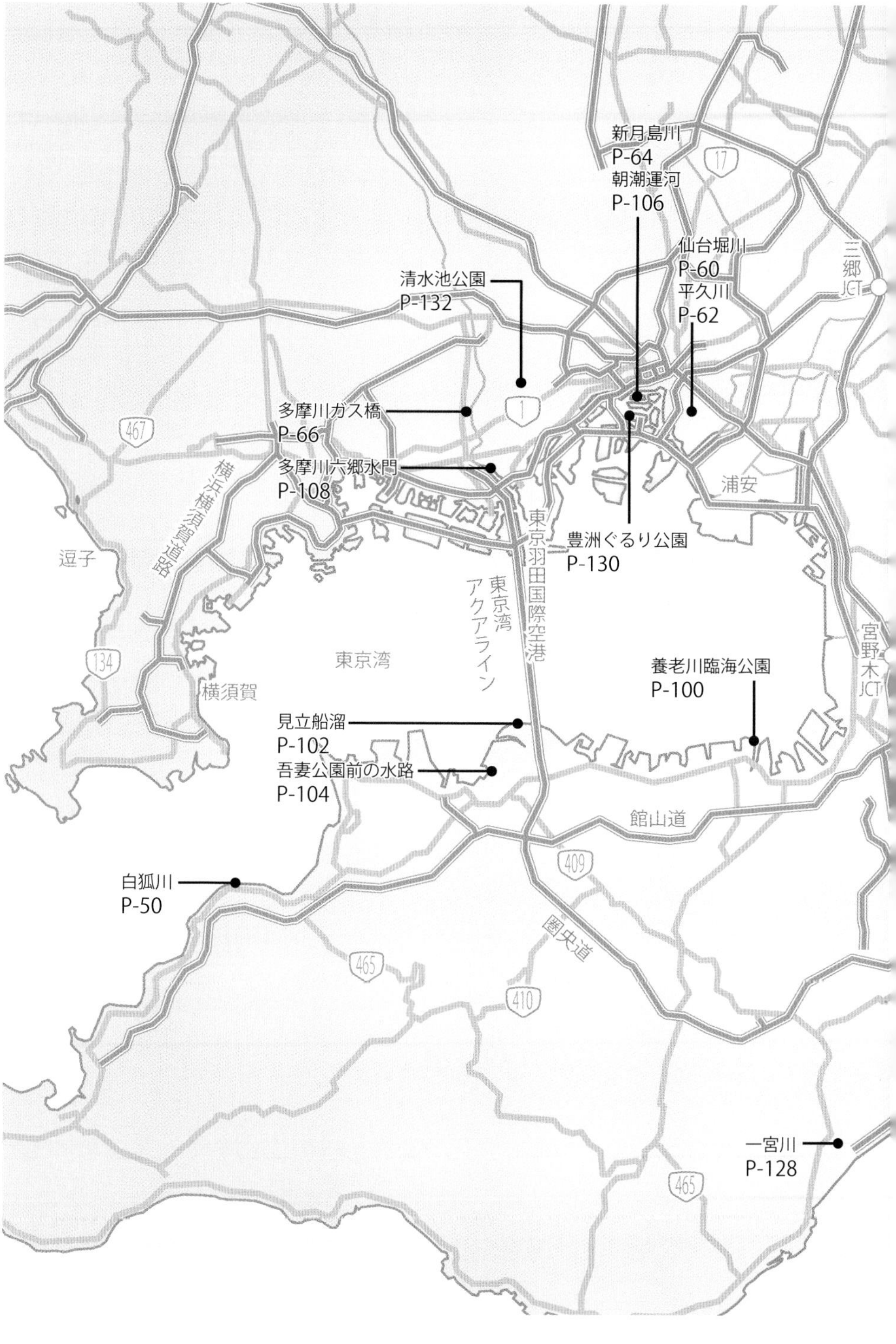
新月島川
P-64
朝潮運河
P-106
17
仙台堀川
P-60
平久川
P-62
三郷
JCT
清水池公園
P-132
1
多摩川ガス橋
P-66
467
多摩川六郷水門
P-108
浦安
横浜横須賀道路
東京羽田国際空港
豊洲ぐるり公園
P-130
逗子
東京湾
アクアライン
134
東京湾
横須賀
宮野木
JCT
養老川臨海公園
P-100
見立船溜
P-102
吾妻公園前の水路
P-104
館山道
409
白狐川
P-50
圏央道
465
410
一宮川
P-128
465

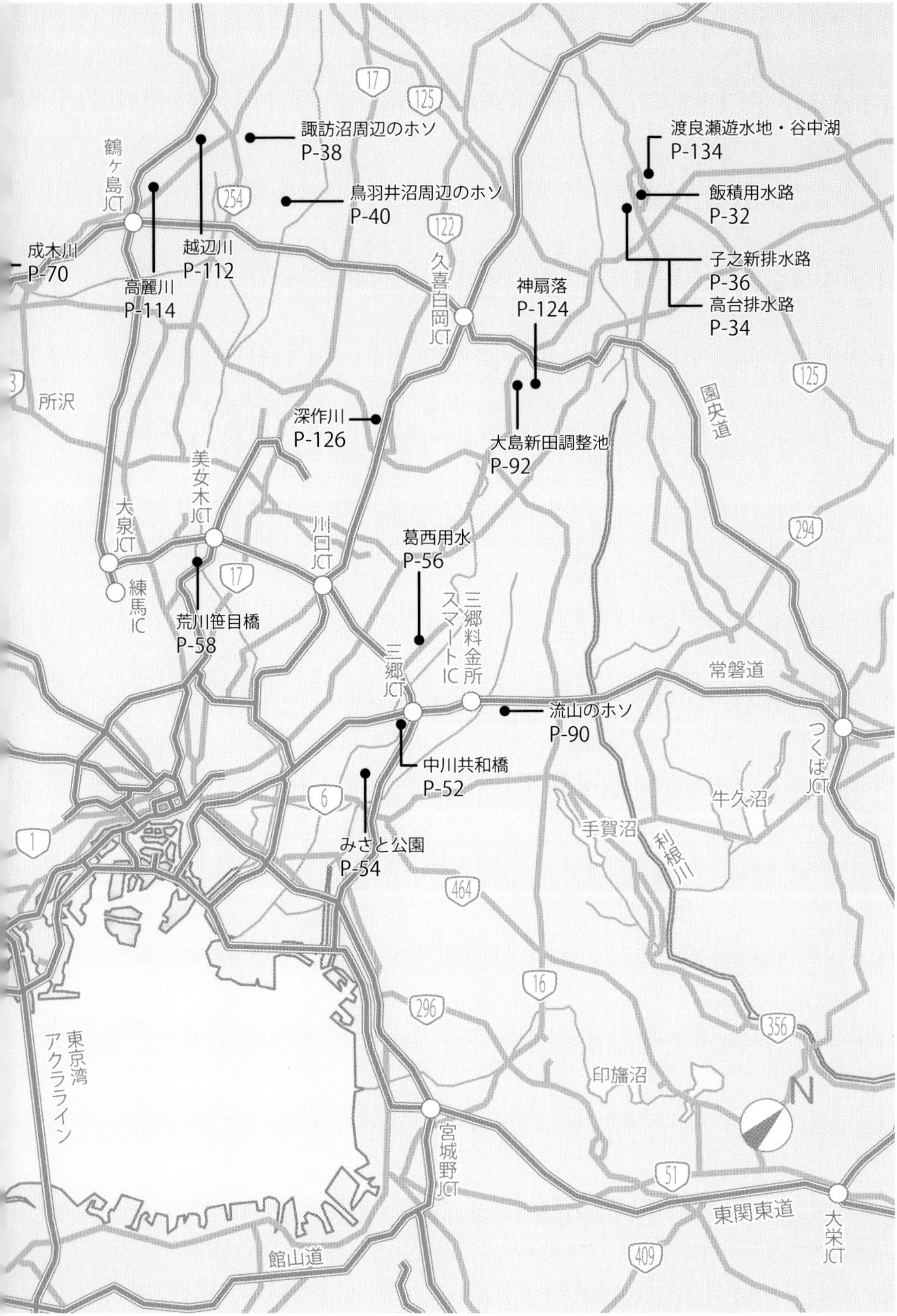

諏訪沼周辺のホソ
P-38
鳥羽井沼周辺のホソ
P-40
渡良瀬遊水地・谷中湖
P-134
飯積用水路
P-32
子之新排水路
P-36
高台排水路
P-34
成木川
P-70
越辺川
P-112
高麗川
P-114
神扇落
P-124
深作川
P-126
大島新田調整池
P-92
葛西用水
P-56
荒川笹目橋
P-58
流山のホソ
P-90
中川共和橋
P-52
みさと公園
P-54
鶴ヶ島JCT
久喜白岡JCT
美女木JCT
大泉JCT
練馬IC
川口JCT
三郷JCT
三郷料金所スマートIC
つくばJCT
宮城野JCT
大栄JCT
所沢
圏央道
常磐道
牛久沼
手賀沼
利根川
印旛沼
東京湾アクアライン
東関東道
館山道
N
17
125
254
122
294
6
1
464
16
296
356
51
409

奥多摩湖
P-72
411
青梅IC
あきる野IC
八王子JCT
16
多摩川日野＆谷地川
P-68
246
二ヶ領用水
P-42
伊勢原IC
厚木IC
小田原厚木道路
小田原
467
大岡川分水路
P-136
柏尾川
P-74
引地川
P-76
横浜横須賀道路
富岡川
P-116
逗子
宮川
P-118
侍従川
P-120
134
東京湾
横須賀

目次

秋の釣り場

冬の釣り場

Column

装丁　神谷利男デザイン
地図・仕掛け図　堀口順一朗

はじめに

『令和版　困った時はココ！　東京近郊キラキラ釣り場案内60』も読者の皆様のおかげでPart3の出版となりました。誠にありがとうございます。

手軽に楽しめる淡水小もの釣りですが、対象魚や季節によって釣り方や釣り場が変わってきます。釣り場の引き出しは多いに越したことがありません。本書のシリーズが皆様の釣りに少しでもお役に立てると幸いです。

淡水小もの釣りはさまざまな楽しみ方があります。本書を通じてこの世界に興味を持って頂き、魅力をお伝えできたら幸せです。

一緒に淡水小もの釣りの扉を開けてみませんか？　楽しい世界が広がっていますよ！

本書の使い方

本書は、四季別に東京・首都圏近郊の淡水・汽水の小もの釣り場を収載したガイドブックです。

主な対象魚は、マブナ（小ブナ）、ヘラブナ、タナゴ類、テナガエビ、ハゼ、ヤマベ、クチボソなど。またその場所で釣れる他の魚も記してあります。

各釣り場は春夏秋冬の順に解説していますが、釣り場によっては複数の季節がシーズンとなる場合もあります。

また、地図にローマ字で記した釣り場名は、釣り人に親しまれている呼称を含むこともあり、必ずしも正式なものとは限りません

【お断り】

本書は書き下ろしになります。各釣り場の情報は、基本的に令和4年12月時点までのものです。自然災害、工事や規制等さまざまな事情により釣り場がその後大きく変化していることもあり、すべての現地情報を保証するものではありません。釣行の際には、事前に最寄りの釣具店等で改めて情報をご確認ください。

淡水・汽水の小もの釣り場は人家や田畑、各施設等の近隣であることが多く、周辺住民や農家の方などに迷惑がかからないようにくれぐれも注意して、そのうえで釣りをお楽しみください。

（つり人社より）

春の釣り場

産卵を意識したマブナがホソに乗っ込んでくる
タイミングを、釣り人は今日か明日かと
そわそわしながら待っている。
さあ、フナたちに会いに出掛けよう！

茨城県鹿嶋市

堀割川右岸のホソ

マブナ

他の魚種
コイ・アメリカナマズ

　茨城県鹿嶋市谷原《やわら》、鰐《わに》川に流れ込む堀割川右岸の谷原橋周辺に幅1ｍほどのホソがある。以前は場所によっては寒タナゴがよく釣れたものであるが、現在は期待出来ない。

　そのタナゴに代わって春のマブナ釣りが面白い。ムラがあるがマブナが入ってきたタイミングにピタリと合うと楽しい釣りが満喫できる。

　谷原橋周辺のホソにはねらいたくなるポイントがたくさんある。下塙《しもはなわ》、谷原両機場周辺、水路の合流点、田んぼからの排水の落ち口等がそこかしこにあり、自然と期待もふくらむ。

暖かい雨の翌日等はチャンス大

　2・4ｍマブナザオにミチイト1号をサオいっぱいに取り、硬質発泡シモリウキ0号を5個通してガン玉5号で遅ジモリバランスに調節した2本バリシモリ仕掛け。ハリは袖5号ハリス0・6～0・8号5～7㎝。エサはキヂ（ミミズ）。

　ホソの水深は浅いのでドタバタした足音や大声は禁物。マブナを驚かせてしまうとせっかくのチャンスも台無しなので静かに釣ろう。仕掛けを投入してマブナがいればすぐにアタリが出ると思ってほしい。積極的にポイントを探っていくことでマブナに出会いチャンスが増える。アタリがなかったり、あってもジャミばかりの場合は見切りをつけて、足でマブナが釣れるポイントを探し当ててほしい。

　釣期は3月下旬から4月中旬にかけて。この間いつでも釣れるわけではなく、マブナが入ってきて釣れるタイミングがどこかにあるということ。春のマブナ釣りでは暖かい雨が降った翌日は要注目で、気温が上昇すると一気に入ってくる可能性大だ。

　2022年は4月17日に釣行した。肌寒い一日で友人が尺ブナを釣りあげたが、僕にはコイと大型のアメリカナマズだけ。マブナとは巡り合えなかったが、タイミング次第で楽しい春ブナ釣りが出来るのでお忘れなく！

ACCESS

クルマ

東関東自動車道・潮来ICを降り県道50号を銚子方面に進み鰐川橋を渡り1つめの交差点（鰐川橋）を左折して県道256号を進み、次に2つめの交差点（下幡木）を左折して直進すると堀割川に架かる谷原橋に出る。鰐川土手道への駐車は迷惑がかからないように気をつけてほしい。

排水パイプ下は好ポイント

ホソとホソの合流点は好ポイント

ホソは谷原橋を潜る

マブナがいればすぐにアタリがあるはず

千葉県香取市

一之分目のホソ

マブナ

他の魚種

クチボソ・モロコ・コイ

千葉県香取市一之分目《いちのわけめ》にある一之分目舟溜周囲に、幅1mほどのホソがある。春の乗っ込み期はここが面白い。

舟溜の隣に機場があり、3月下旬から4月中旬にこの機場からマブナが入ってくる。

富田新田に隣接しているのでマブナの好釣り場であることは間違いない。

一之分目のホソはそれほど広くないから大勢で訪れる釣り場ではないが、2〜3人の少人数なら充分に楽しめるはずだ。ホソの支柱両サイド、クランクの角や機場周辺、水路の合流点、パイプ下等が主なポイントだが、それ以外にも丹念にホソ全体を探ってほしい。

静かに楽しみたい少人数向きの釣り場

仕掛けは2・4mマブナザオに遅ジモリバランスの2本バリシモリ仕掛け。ハリは袖5号、ハリス0・8号5〜7㎝。エサはキヂ（ミミズ）。

春は食い気のあるマブナなら、すぐエサに食いついてくるはずと僕は思っている。それゆえアタリがない場所では粘らず、食い気のあるマブナを足で探し当てよう。

僕は頭の中で、オモリがトンッと底に着いた時にシモリウキがツッツッと引き込まれるようすをイメージしている。なかば妄想ではあるが、このイメージが大切だと思う。実際にアタリが出た時、瞬時に反応できるからだ。

2022年4月中旬、友人3人と訪れた。開始早々、友人の武精一さんに35㎝の尺ブナが掛かった。僕も34、29、15㎝の3尾を1時間ほどの間に釣ることが出来た。

小場所ゆえ、場荒れするのも早いが水郷の貴重なマブナ釣り場である。

繰り返すが小さな釣り場なので、足音や大声はご法度だ。マブナを驚かさないように静かに楽しみたい。

なお、釣り場周辺は田んぼで、春ブナの釣期は農家の方の忙しい時期と重なる。くれぐれも迷惑にならないように釣りを楽しんでいただきたい。

ACCESS

クルマ

クルマが便利。東関東自動車道・佐原香取ICを降り、県道253号香取津之宮線を直進してR356方面へ走る。R356を右折して銚子方面へ。小見川大橋入口交差点を左折。小見川大橋を渡って息栖大橋手前を左折し、常陸利根川の土手道を3kmほど進む。

Ichinowakeme

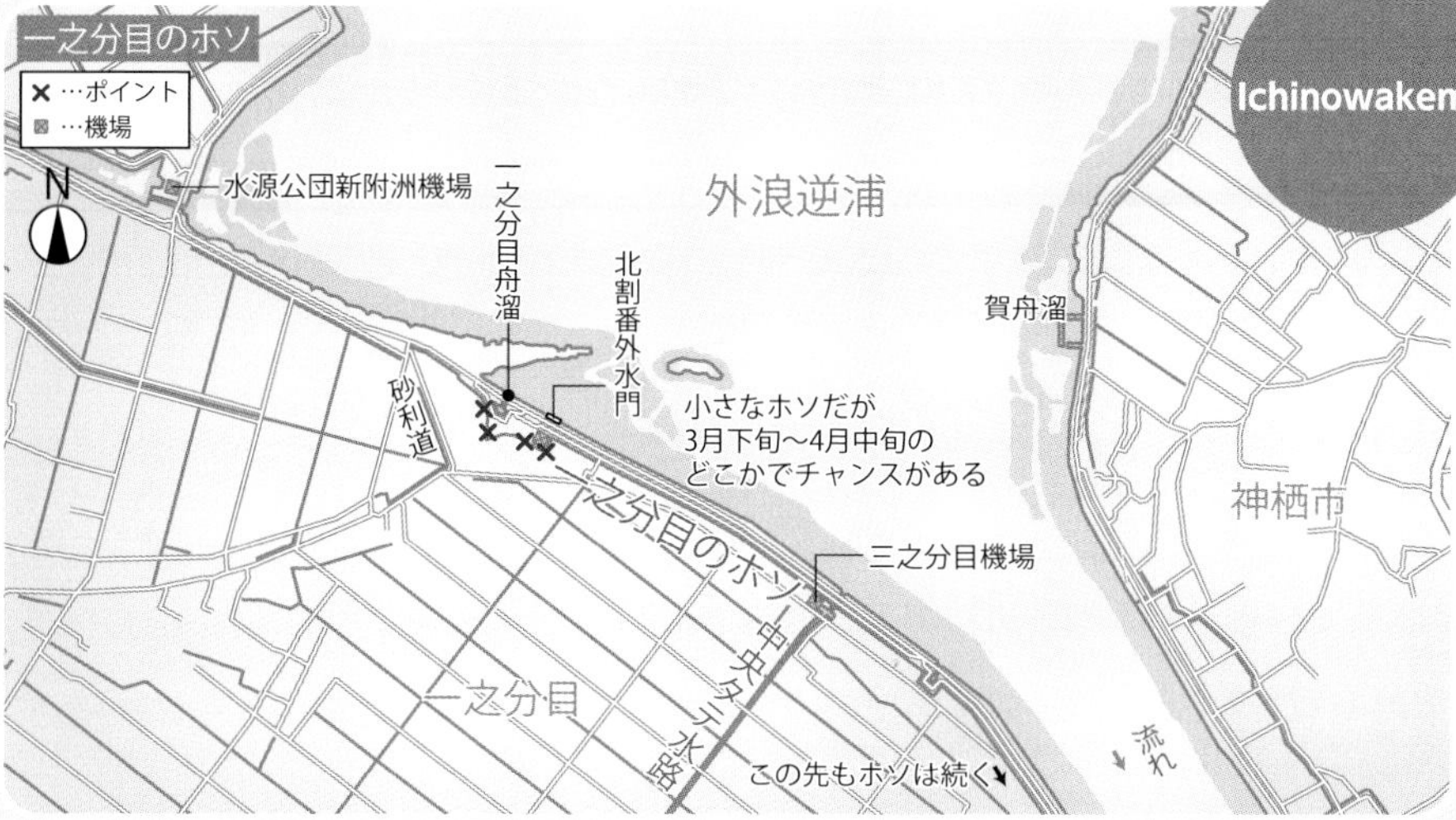

湖岸に沿った幅１mほどのホソ

同行者の武精一さんに来た尺ブナ

機場周辺

きれいな中ブナも釣れた

千葉県香取市

市和田干拓L字水路

マブナ

他の魚種
クチボソ・モロコ・コイ

千葉県香取市にある市和田干拓L字水路は、常陸利根川側の機場から東部与田浦へ続くL字形の水路だ。

　上流部は両岸にアシが密集して釣りづらい雰囲気だが、東関東自動車道より東部与田浦までの下流部は一般的なホソの様相である。そして、東関東自動車道の先は土手を挟んで市和田干拓北水路と隣接、平行して流れている。

　水路の幅は1mほど。上流部は土手の上から3・6mザオに2mほどの短いシモリ仕掛けでヅキ釣りのようにねらう。ポイントはズバリL字に曲がる角と3ヵ所ある水路の合流点。ここは水路に上るマブナが止まる所だ。合流するホソに水があれば、こちらもねらいたい。

　下流部は2・4mのマブナザオに遅ジモリバランスのシモリ仕掛けで、エサはキヂ（ミミズ）か赤虫を使用する。ポイントは田んぼから水が落ちている場所や水路の合流点を中心にねらうとよいだろう。釣期は3月20日頃から4月上旬がベスト。釣れるマブナのサイズは、15㎝級から尺ブナも出る。

復活の兆し!?　タイミングが合えば尺ブナも

　近年、市和田干拓水路の釣況は芳しくない情報ばかりであった。その確認も兼ねて2022年3月20、27日と二度L字水路で釣りをした。20日は市和田干拓北水路・南水路のいずれも撃沈で、あきらめかけていた。その時、北水路と並行するL字水路を見るとパイプから水が落ち、水路が土手道をくぐり暗渠《あんきょ》になっている。仕掛けを入れると一発で尺ブナが食ってきた。その後上流部に移動してホソとの合流点で尺ブナ2尾と7寸、中ブナ2尾を追加した。しかし翌週27日はL字水路ではどこも全く当たらずであった。

　往年と同じ釣果とはいかないかもしれないが、タイミングが合えばまだまだ楽しめると感じた。

　最後に、釣期は農家の方の一番忙しい時期と合致する。駐車やゴミ等で迷惑がかからないように充分気をつけて釣りを楽しんでいただきたい。

ACCESS

クルマ
東関東自動車道・潮来ICを降り県道50、101号で潮来駅を過ぎ、あやめ園入口交差点を左折して潮来大橋を渡り左折して市和田干拓を目差す。

電車
JR鹿島線十二橋駅下車。北水路東関道下まで徒歩50分。北水路を越えるとL字水路がある。

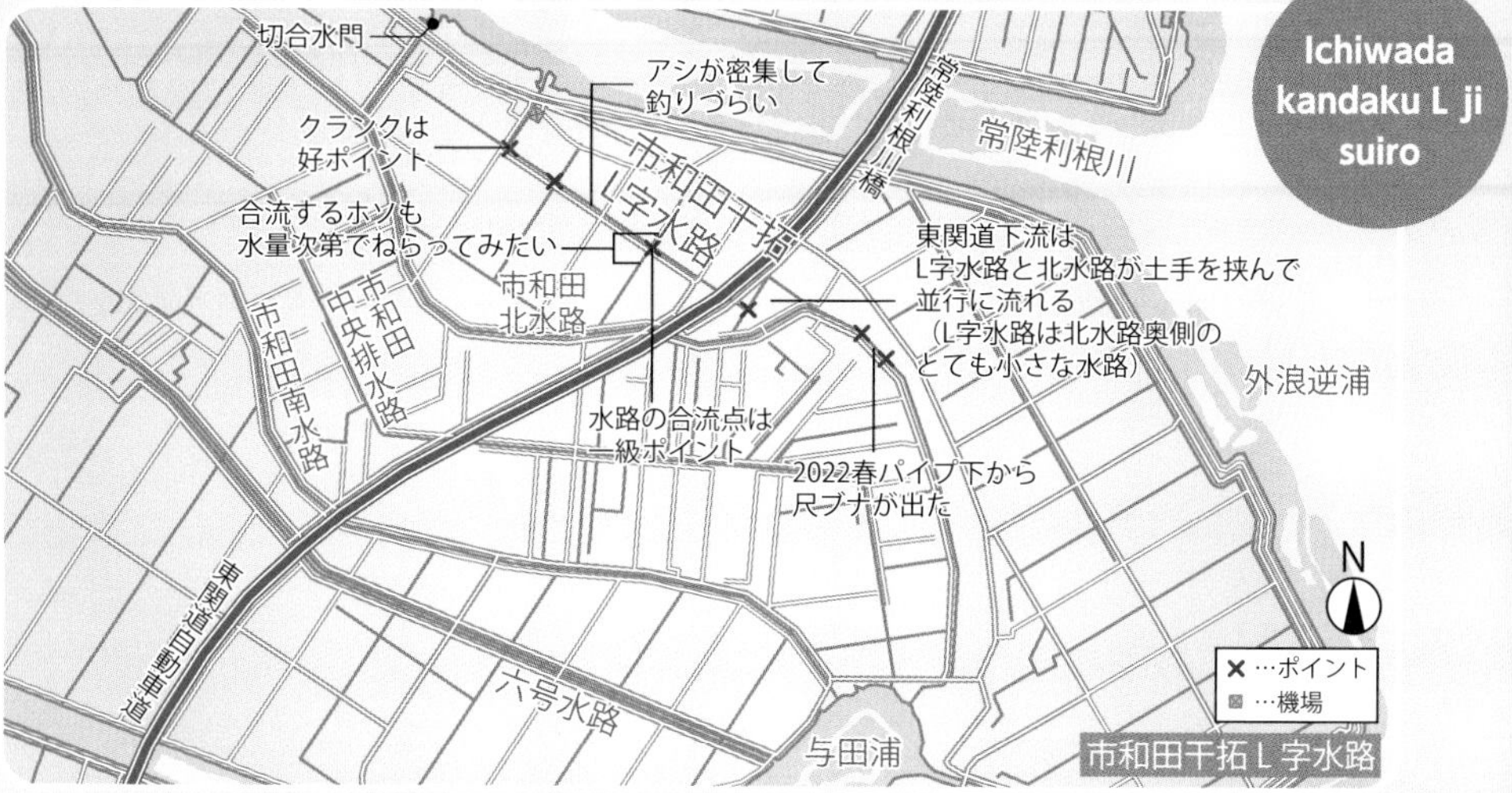

東関道下流の風景

L字に流入するホソもねらってみたい

上流部クランク周辺

北水路（右）と平行して流れている場所もある

ずっしりと重たい尺ブナ

千葉県香取市

市和田干拓水路

マブナ

他の魚種
ヘラブナ・コイ・ブルーギル

千葉県香取市の市和田干拓水路は、マブナフリークの聖地といっても過言ではない。

今では珍しい素掘りの農業用水路で、何といってもロケーションが抜群によい。20年も前のことであるが、僕も憧れてよく通ったものだ。

市和田干拓水路は北水路・南水路（北水路・南水路は上流部でつながっている）・中央排水路・L字水路があり、中央排水路は現在あまり芳しくない。

北水路・南水路も、マブナは釣れるが往年の釣果から比べると現状はかなりさみしい。それでもマブナの聖地であるから、僕はときどき市和田干拓水路を探り歩いては状況を確認している。

ロケーション抜群の聖地

市和田干拓水路は常陸利根川の切合水門から水が引かれ、通水されるのは3月下旬。通水前は水が少なくて釣りにならないことがあるが、雨が降って多少でも水が増えると北水路・南水路ともに東部与田浦からマブナが入ってくる。釣期は北水路・南水路ともに早く、3月20日頃から4月上旬がよい。

水深は30〜40㎝と浅く、少しでも深くなった場所をねらうこと。また、水路内に生えているアシ際などもねらいめだ。

探る手順は、手前へチ、中沖、対岸とねらいたい。水深が浅いので土煙が上がるからこれを目安にしてもよい。

仕掛けは、3・3〜3・6ｍの渓流ザオもしくはマブナザオに遅ジモリバランスのシモリ仕掛け。上バリ下バリの2本バリ仕掛けが有効だ。ハリは袖5号ハリス7㎝。エサはキヂ（ミミズ）か赤虫の房掛け。

２０２２年春は3月20、27日、4月10日と3回にわたって探り歩いた。

3月20日は南水路東関道下から東部与田浦までと、北水路は東部与田浦から東関道下まで探り歩いたが、あちらこちらで土煙がたくさん上がるにもかかわらず、マブナは釣れなかった。

翌週27日は通水はまだであったが、雨後の気温上昇で期待した。北水路・南水路の上流部を探ると、北水路・南水路の分岐点近くでたくさんのコイ・マブナ・ヘラブナがハタキ（産卵）に入っていた。先行者は2名で、練りエサを使っていた人は釣れていた。僕はアシ周辺をねらったが食わず、橋下周辺の土煙をねらうと20㎝級の市和田サイズがバタバタと釣れてきた。

市和田干拓水路
×…ポイント
…機場
N
※2022年春
よく釣れたポイント
切合水門
常陸利根川
常陸利根川橋
雁洲新堀
一部南水路と
並行して流れている
市和田北水路
L字水路
市和田中央排水路
市和田南水路
外浪逆浦
東関道自動車道
市和田北水路
六号水路
与田浦
※2022年春の状況では北水路、南水路ともにタイミング次第で
フナは釣れる。コイも多いがフナもしっかり入っている
※中央排水路は望み薄
Ichiwada
kantaku
suiro

市和田らしい風景

マブナの平均サイズ

南水路上流部

南水路と北水路の分岐点周辺

ブルーギルも
お目見え

4月10日はすでに終わっていてジャミのみしかいない感じであった。

往年の釣果には程遠いけれど、マブナ釣りの聖地での探り釣りを忘れたくはない。マブナはいるのでタイミングが合えばまだまだ楽しめるはずだ。

市和田干拓水路のマブナ釣り場はいつまでもマブナフリークの聖地であってほしい。

ACCESS

クルマ

東関東自動車道・潮来ICを降り県道50、101号で潮来駅を過ぎ、あやめ園入口交差点を左折して潮来大橋を渡り左折して市和田干拓を目差す。

電車

JR鹿島線十二橋駅下車。南水路まで徒歩30分。北水路東関道下まで徒歩50分。

好ポイントの一例

北水路最上流

北水路東関道上流

北水路東関道下流

千葉県香取市

黒須新堀

マブナ

他の魚種
クチボソ・モロコ・コイ

JR鹿島線十二橋駅を降りて利根川方面に歩くこと5分ほどの〝駅近〟マブナ釣り場・黒須新堀。磯山ワンドにある公官洲機場から新佐衛門川まで続く幅1・5mほどの水路で、3月から4月にかけての乗っ込み期はマブナフリークでいっぱいになるほどの大人気釣り場である。

2022年春、佐原水郷の中洲ヨコ堀・境島水路・大割排水路・雁洲水路などは釣り人で満員。ところが黒須新堀はひと気が少なかった。おかげでじっくりと釣り歩くことができた。

駅近の意外なエアポケット的釣り場

現在の黒須新堀は両岸にアシが密集してサオをだせるポイントが限られ、釣り人が少ないのはこのせいではないかと地元の人が教えてくれた。逆にいえばアシの切れ目がポイントと考えてよいだろう。このような場所は水路の合流点であったり、少し小深くなっていたりする。

新左衛門川から公官洲機場に向かって流れがあるので、ヘチ寄りの流れが緩やかな場所や、水路の中に生えているアシの後などをねらう。

ガードレールを挟んで道路から3・6mザオのシモリ仕掛けで探る。アシが密集しており、絡ませないように注意が必要だ。場所によっては仕掛けを短くして釣ったほうがよい場合がある。

マブナは20㎝級が主体で尺ブナも釣れるが、困ったことに大ゴイが多くよく掛かるから気をつけてほしい。

練りエサを使うとコイが多くなるのでキヂ（ミミズ）で探り歩くとよい。これは地元の人がいうので間違いない。

釣期は3月中旬から4月中旬がベスト。5月の連休中にマブナを釣ったこともあるが、この頃はアシが青々と茂ってさらに釣りづらくなる。

通常、春の雨後はマブナの好期だが、大雨で田んぼの濁りが水路に入ると食いが落ちる。また黒須新堀が不調の時は近くに中洲ヨコ堀があるので〝釣り鉄〟でも安心である。佐原水郷のマブナ釣りは趣も雰囲気も別格だ。

ACCESS

クルマ
駐車スペースが少ないので電車釣行をおすすめする。JR鹿島線十二橋駅下車。

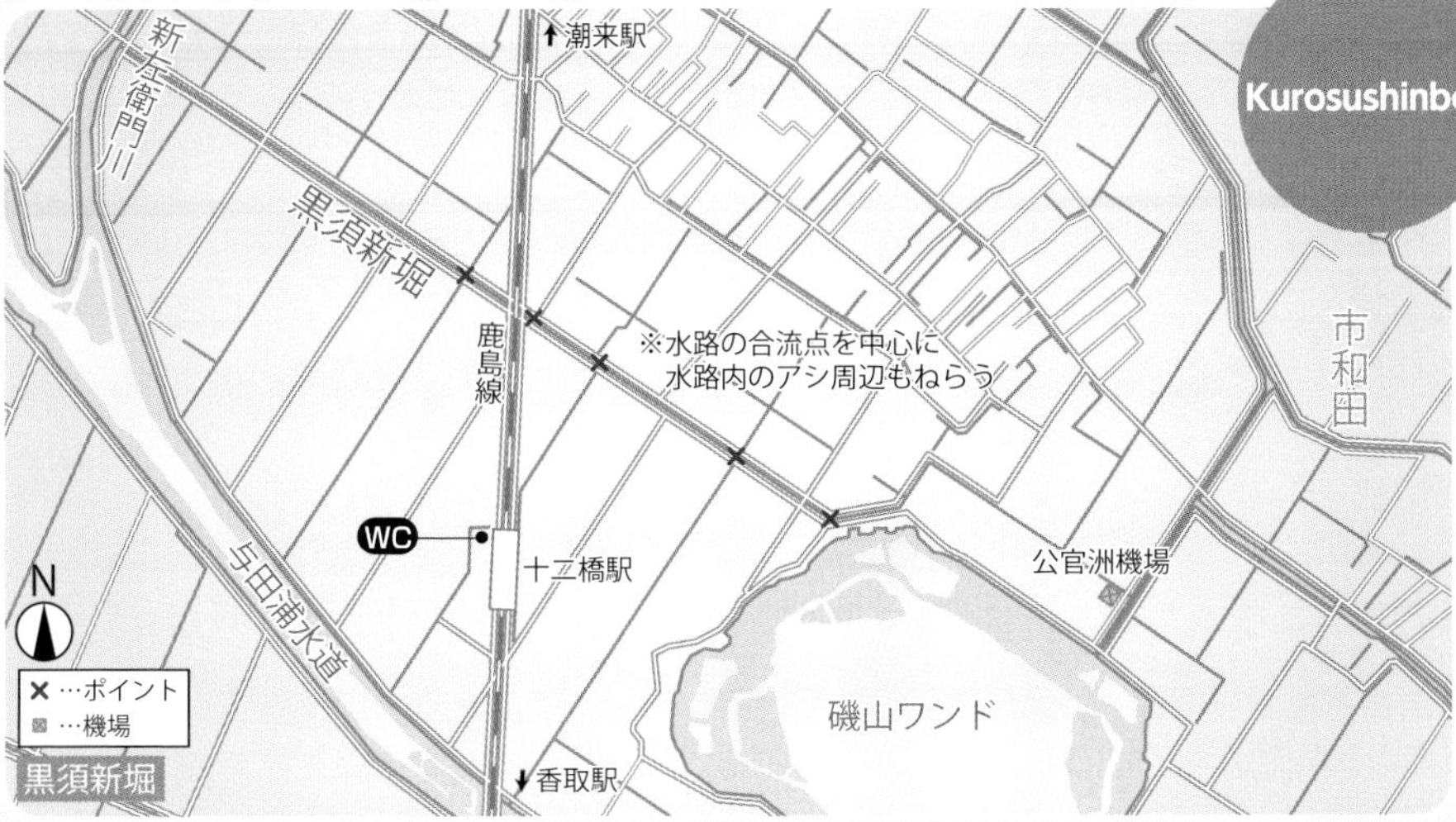

鹿島線鉄橋上流。下流側とも流れは枯れアシに覆われ、その切れ目をねらう

鹿島線鉄橋下流

5月は写真のようにアシが青々と茂り一段と釣りづらい

クランクのポイント

5月に釣れたマブナ

茨城県稲敷市

上之島新川

マブナ

茨城県稲敷市上之島《かみのしま》を流れる上之島新川は以前からよく知られたマブナ釣り場。上流部は役前新川と名前を変え、最下流部は大重水路に流れ込んでザコワンドから霞ヶ浦につながっている。釣り場は大重水路合流点から下石納バス停周辺までの2㎞強で、水路幅8～15mのコンクリート水路である。

水深は1mほどで春の釣り場としては深いがマブナの魚影は多いと思う。

釣り場をよく見ると水路の吐き出し口やパイプがいくつもある。このようなポイントを重点的に探っていくとよい。手前ヘチに水路が流れ込む場所は、離れた位置から仕掛けを投入したい。

水深のある水路で尺ブナの引きを堪能

僕のおすすめは石納バス停から下石納バス停周辺でマブナの魚影も多い。ここは石納のホソの流れ込み、パイプ、水路の吐き出し口、倒木等があって探り甲斐のある楽しいポイントである。

渓流ザオ4・5～5・4m（ズームだとなおよい）に、シモリウキがゆっくりとすべて沈むように整えた遅ジモリバランスのシモリ仕掛けを結ぶ。ハリは袖5号ハリス0・8号5㎝の上下2本バリ。エサは赤虫をハリが見えなくなるくらいにたっぷりと装餌する。

2022年春は3月中旬と4月上旬の2回、石納～下石納周辺を探った。どちらも非常に寒い一日であったが、3月中旬のほうが食いがよかった。

主に水路の吐き出し口を中心にねらって釣りをした。アタリは少なかったが、オモリが着底後すぐにシモリウキがクックッと入った。

マブナは掛かれば尺ブナの可能性が非常に高い。困るのだが40～50㎝のコイや大型のミシシッピアカミミガメが来ることもある。

春のマブナ釣りは日並みによって釣果が大きく左右されてしまうが、釣れるイメージを持って丹念に探っていただきたい。

水深のある釣り場の尺ブナの引きは強烈で楽しいですよ。

ACCESS

電車

駐車スペースが極めて少ないので電車釣行をおすすめする。JR成田線佐原駅下車。江戸崎行バスで石納または下石納下車。降りるとすぐ釣り場。

Kaminoshima-shinkawa

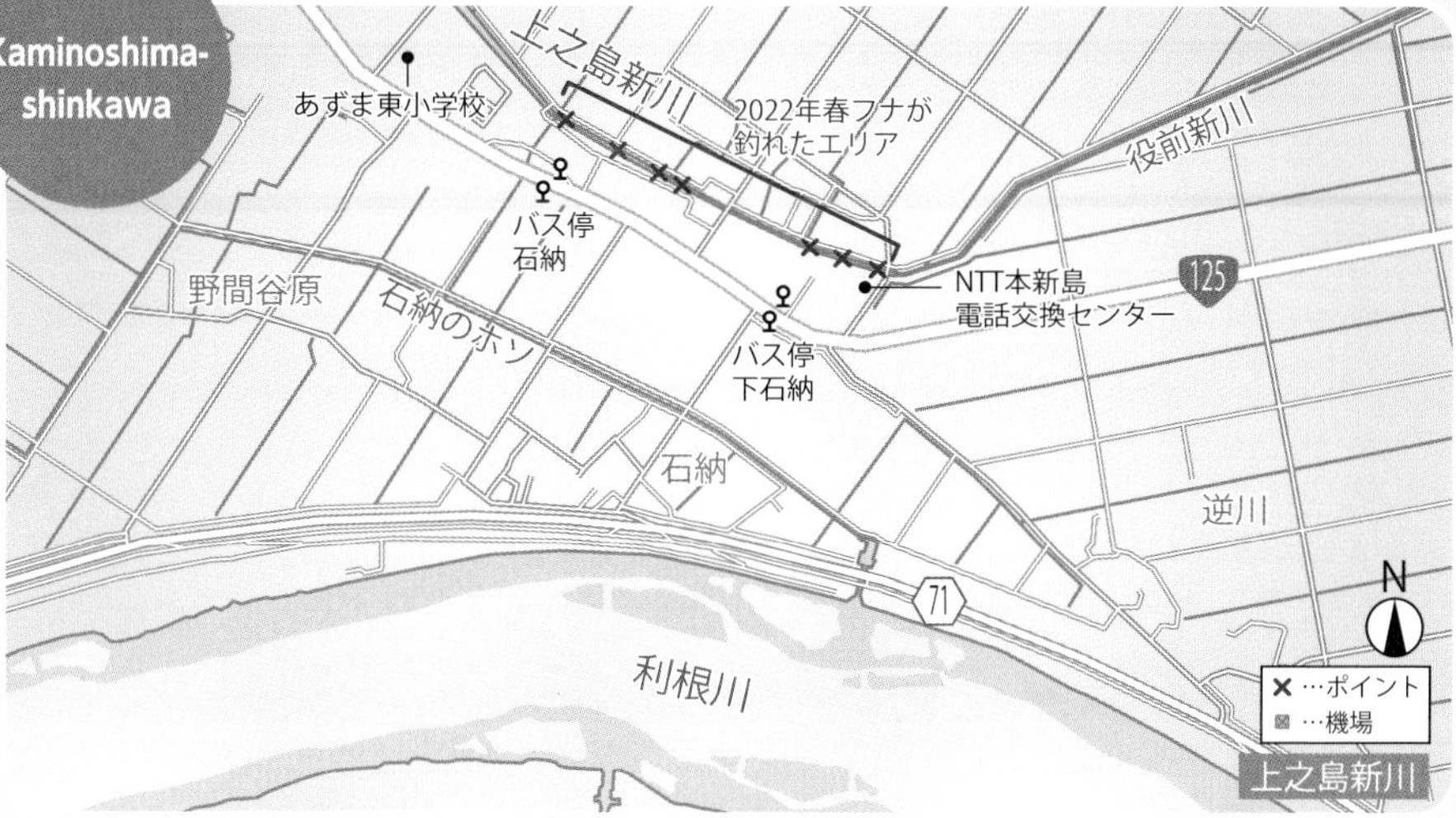

バス停下石納側の釣り場風景

マブナは掛かれば
尺の可能性が高い

外道にコイも掛かる

バス停石納側の釣り場風景

千葉県香取市

八間川右岸のホソ

マブナ

千葉県香取市を流れる利根川支流八《はっ》間《けん》川は非常にマブナ・ヘラブナの魚影が多い。僕らマブナフリークがねらう場所は、平成橋から昭和橋下流右岸に展開する幅1mほどのホソ。以前は枯れアシがあるヤッカラ地帯で雰囲気抜群の釣り場だったが、数年前に平成橋から昭和橋下流にかけて右岸のホソ改修工事が行なわれ、味気のない直線的なコンクリート水路に一変した。それでも春には産卵のためホソにたくさんのマブナ・ヘラブナが入ってくる。

八間川右岸のホソ周辺の田んぼはホソと段差なくつながり、マブナが田んぼの中に入り込む光景が見られる。これだけでも貴重である。ホソには八間川から水門を通じて入ってくるので、水門周辺や水路の合流点を重点的にねらうとよいだろう。浅いホソなので静かに探り釣りを楽しんでほしい。

静かに楽しむ浅いホソ

ホソにはいつもマブナが入っているわけではなく、暖かい雨が呼び水になって八間川から入ってくるから、3月下旬から5月中旬までの雨後は要チェックである。仕掛けは2・4mのマブナザオに0号硬質発泡シモリウキを5個通し、ガン玉5号でバランスを取った2本バリ仕掛け。ハリは袖5号ハリス5~7㎝。エサはキヂ(ミミズ)。

食い気のあるマブナがいればオモリ着底後すぐにアタリが出るはずだから、アタリがなければ1ヵ所で粘らず足を使って探り歩いてほしい。

2022年は5月中旬の雨の翌日に釣行した。到着時にはホソと田んぼにたくさんのマブナとヘラブナが入っていて、エサには興味を示さない状況だったが、何とか泣き尺と尺ブナをキャッチした。なお、下流には平成時代の『東京近郊キラキラ釣り場案内60』で紹介した開発橋周辺のマブナ釣り場があるので、万が一不調の場合はこちらへ動くとよいだろう。2022年春も開発橋上流右岸のホソは大変よく釣れた。やっぱり八間川右岸のホソは探り甲斐があって面白いなあ。

ACCESS

クルマ

東関東自動車道・大栄ICを降り、R51を利根川方面へ。途中で左折し大戸駅を目差し、成田線を越えてR356を右折。押しボタン式信号の交差点を左折して狭い路地を道を進むと上仲橋に出るのでそのまま直進する。

電車

JR成田線大戸駅下車。大須賀川沿いを下流に歩き、上仲橋の所で左折して大須賀川を渡り昭和橋へ。

昭和橋下流側

ホソの周りに広がる
田んぼでフナが泳ぎ
水面が揺れている

縦ホソからフナが田んぼに入る入口

タモからはみ出た尺ブナ

千葉県印西市

六軒川（手賀川）

マブナ・オオタナゴ

他の魚種
クチボソ・モロコ・コイ

手賀沼の水を利根川に通す手賀川は、関枠橋下流で六軒川と弁天川に分かれる。弁天川でマブナ釣りをしている時に「六軒川もけっこうマブナ釣れますよ！」と教えてくれたのは手賀沼漁協の監視員さんであった。

六軒川では通年釣りを楽しめるが、僕のおすすめの季節は春、それもゴールデンウイーク頃がよい。マブナ・オオタナゴねらいが面白く、水門周辺が釣りやすい。護岸に腰掛けてのんびり釣るのもたまにはよいものだ。

タックルは渓流ザオ3・6〜4・5mにハエウキ・トウガラシウキ・ヘラウキ等の立ちウキ仕掛け。エサはグルテン系の練りエサのほか、赤虫も有効。ハリは袖5号。特にオオタナゴねらいには赤虫が有効で、その場合ハリは秋田キツネ1〜2号。ねらうタナは底周辺で、六軒川は水深が3m近くある。タナ取りゴムや消しゴムを使ってしっかり底を取ることが重要だ。

回遊に上手く当たれば連続ヒット

釣り始めは練りエサを打ち返してマブナを寄せる。アタリの出始めはクチボソ・モロコが釣れるが、そのうちマブナも出るはずだ。サイズは15〜30㎝オーバーとバラバラだが、3m近く水深があると引きも強くて楽しい。

マブナもオオタナゴも回遊しているようで釣れるときはバタバタと釣れるが、パタッとアタリが止まる。しばらくしているとまた同じように釣れ出すといったパターンであった。

2022年5月の連休中に釣行した。六軒大橋下流右岸の水門吐き出しをねらい15〜31㎝のマブナ11尾。オオタナゴは13㎝級であった。そのほか大ゴイも掛かった。

魚影が多く、とても面白い釣り場である。ジャミがうるさくウキは動きっぱなしだが、それだけ自然が豊かということだろう。六軒川の釣りはいいですよ！

●手賀沼漁業協同組合
（TEL04・7185・2424）。
遊漁料日釣り500円。

ACCESS

クルマ
常磐自動車道・柏ICを降りR16を千葉方面に進む。大島田交差点を左折して手賀沼に架かる手賀大橋を渡り、我孫子市若松交差点を右折して道なりに走ると六軒大橋に出る。駐車スペースには充分注意すること。

電車
JR成田線布佐駅下車。南口を出てR356を左折して直進すると六軒大橋。徒歩15分ほど。

Rokkengawa

六軒川（手賀川）

六軒大橋下流右岸の護岸

六軒大橋下流左岸

六軒大橋上流側

8寸のマブナ

オオタナゴも
顔を出す

千葉県印西市

下手賀川

マブナ・オオタナゴ

他の魚種

ヘラブナ・モロコ・クチボソ

シーズン
ほぼ周年

千葉県柏市と印西市の境目にある下手賀沼から流れ出て、手賀川に流れ込む下手賀川。手賀沼水系は漁協の放流でマブナ・ヘラブナの魚影が多い。釣り人の姿は周年絶えないが、キャパシティーが広く、ゆったりと楽しめる。

下手賀川は特に春が面白いと思う。水が温んでくるとマブナが産卵に向けて活発に就餌する。気温も上がる5月連休以降は快適に楽しめるだろう。

手賀川水系は虫エサの探り釣りよりも練りエサのエンコ釣りに分がある。3・6〜4・5mの渓流ザオかヘラザオに、ヘラブナ釣り仕掛けか、ハエ等の立ちウキ仕掛けを使用する。エサはグルテンをメインに赤虫も有効。ハリは袖5号。釣り方は底釣りが基本。水深は場所によっては3m近くあるが、しっかりと底を取ることが大切だ。

5月連休明けからが面白い

釣り始めはフナを寄せるためウキが馴染んだら空アワセでエサを落とす。早ければ数投でアタリが出始める。モロコ・クチボソ等のジャミから釣れ始め、やがてマブナも出るはずだ。ジャミばかりの場合はポイントを変えたほうがよいだろう。

釣り場は下手賀沼から手賀川合流点までの約2㎞。川岸にはアシなどが多いが釣り座も作られ、発作橋周辺は護岸で足場がよい。また全体に右岸側に釣りやすい場所が多いと思う。

2022年5月連休明けに、手賀川合流点から発作橋までの右岸で釣りをした。発作橋下流の蛇カゴ周辺で大当たりし、7〜8寸(24㎝)のマブナを1時間で6尾。

オオタナゴねらいは3・6〜4・5mザオに立ちウキ仕掛け、赤虫エサを中心にグルテン併用で釣るとよい。

春の下手賀川はのどかな風景の中で楽しい釣りを満喫できる。周辺は水田地帯なので駐車場所に要注意。

●手賀沼漁業協同組合(℡04・7185・2424)。遊漁料日釣り500円。

ACCESS

クルマ

常磐自動車道・柏ICを降りR16を千葉方面に走る。大島田交差点を左折して県道8号に入り、大島田柏戸交差点を右折して県道282号を印西方面に走ると釣り場の上流に架かる手賀干拓一の橋に出る。

電車

JR成田線布佐駅下車。南口を出て六軒大橋上流の関枠橋を目差す。関枠橋を渡り右折して土手道を上流に行くと下手賀川合流点。徒歩40分ほど。

手賀川と下手賀川の合流点

中ブナが釣れた

蛇カゴのポイント

発作橋を下流側から望む

遊覧船が通る

千葉県印西市

発作のホソ

マブナ

他の魚種
コイ

シーズン 4月下旬～5月中旬

千葉県印西市発作《ほっさく》にある発作のホソは幅1mほどの水路で、発作橋近くの機場で下手賀川とつながる。周辺は田んぼが広がり、春には下手賀川から大型マブナが入ってくる。手賀川水系のマブナ釣りは練りエサに分があるが、ホソは虫エサの探り釣りが強い。

釣り場は機場から上流に約300mで、一番奥は両側から水路が合流する。水深は機場近くが40～50㎝、奥は浅場が多い。機場が稼働してホソの水が下手賀川に排水されると結構流れが出る。このような時はヘチ寄りの緩い流れをねらうとよい。

浅い水深を長めのサオで静かにねらう

水路には等間隔で鉄製の枠が掛かっている。少し釣りづらいかもしれないし、マブナが掛かった時も走られないように少し強引なやり取りが必要。ポイントは田んぼからの水路の落とし口が一番で、排水があれば期待大。マブナは機場から入ってくるので機場寄りもねらいめ。また水位にもよるが一番奥の水路の合流点もチェックしたい。

農道からホソまでは少し高さがあるが、降りずに長めのサオでねらう。浅いので出来る限り静かに釣ることを心掛けたい。サオは渓流ザオ3・6mに遅ジモリバランスに調節した2本バリのシモリ仕掛け。エサはキヂ（ミミズ）。赤虫も持っていると安心だ。

2022年5月連休後に釣行した。排水もあり水色もササニゴリで申し分ない。水路の落とし口周辺をねらうと一発で尺ブナが出た。再度仕掛けを投入すると食い上げアタリでガツンッときた。引きが強くコイだと思ったが、浮いてくると白っぽい魚体でフナと認識。それもかなり大型で慎重に取り込むと、自己記録を1・5㎝更新する43・5㎝のトロフィーであった。2013年5月に42㎝を釣って以来の記録更新で本当にうれしかった。小さなポイントだが釣れるマブナは大きい！

●手賀沼漁業協同組合（℡04・7185・2424）。遊漁料日釣り500円。

ACCESS

電車

JR成田線布佐駅下車。南口を出て手賀川方面に進みR356安孫子バイパスを途中で左折して手賀川に架かる関枠橋を目差す。橋を渡り右折して土手道を上流へ行くと下手賀川合流点。徒歩40分ほど。

Hossaku no hoso

最上流から奥に発作機場を望む

ポイント例

自己記録を更新した 43.5cm

等間隔で鉄製の枠が架かっていて少し釣りづらい

埼玉県加須市

飯積用水路

マブナ

他の魚種
コイ

シーズン
5月中旬～
6月上旬

埼玉県加須市柏戸。東武日光線新古河駅近くを流れる飯積用水路は幅3mほどのコンクリート水路で、排水路を兼ねた用水路である。新古河駅から徒歩数分の〝駅近〟で、僕のとっておきの乗っ込みマブナ釣り場だ。釣りをしていると地元の人でさえ「何を釣っているの？」と聞いてくるほどの穴場だが、春に通水するとコイに混じってマブナもたくさん入ってくる。

初めて訪れた時は「水路があるな」くらいにしか思っていなかったが、よく見ると、あちらこちらでたくさんの土煙が上がっていて大変驚いた。

駅近の穴場的フィールド

飯積用水路は新古河駅近くから柳生駅方面に向かって長く延びるが、釣り場は新古河駅周辺で充分楽しめる。水路の合流点と水路の落ち口が一番のポイントで重点的にねらうとよいだろう。水深は40～50㎝。手前ヘチ、中沖、対岸のヘチと水路の合流点、水路の落ち口は隈《くま》なく探りたい。また土煙が出ている周辺をねらってみるのもよい。

タックルは渓流ザオ3・6mに、遅ジモリバランスに調節した2本バリのシモリ仕掛け。エサはキヂ（ミミズ）。

通水すると流れが出るが、水が動くことでマブナの食いが活発になる。流れでウキがシモったりするが、このような時は軽くサオをあおると誘いにもつながる。アタリはオモリ着底後すぐに出ることが多いので、仕掛けを小まめに打ち返すとよい。釣れるマブナのサイズは20～35㎝で尺ブナが多い。

地元の人の話では利根川から水を引いているそうで、4月下旬に通水が始まるとのこと。したがって釣期は4月下旬以降だが、僕は5月中旬以降から6月上旬までがよいと思っている。

2022年は6月5日に釣行したが、37㎝を筆頭に尺ブナ3尾と7寸級のマブナ、大ゴイ数尾の釣果であった。

駐車スペースはほとんどなく〝釣り鉄〟ならではの釣り場といえる。いつまでも釣りが出来るようにマナーを守って楽しんでほしい。

ACCESS

電車

東武日光線新古河駅下車。西口を出て柳生方面に歩くとすぐ右側が飯積用水路。

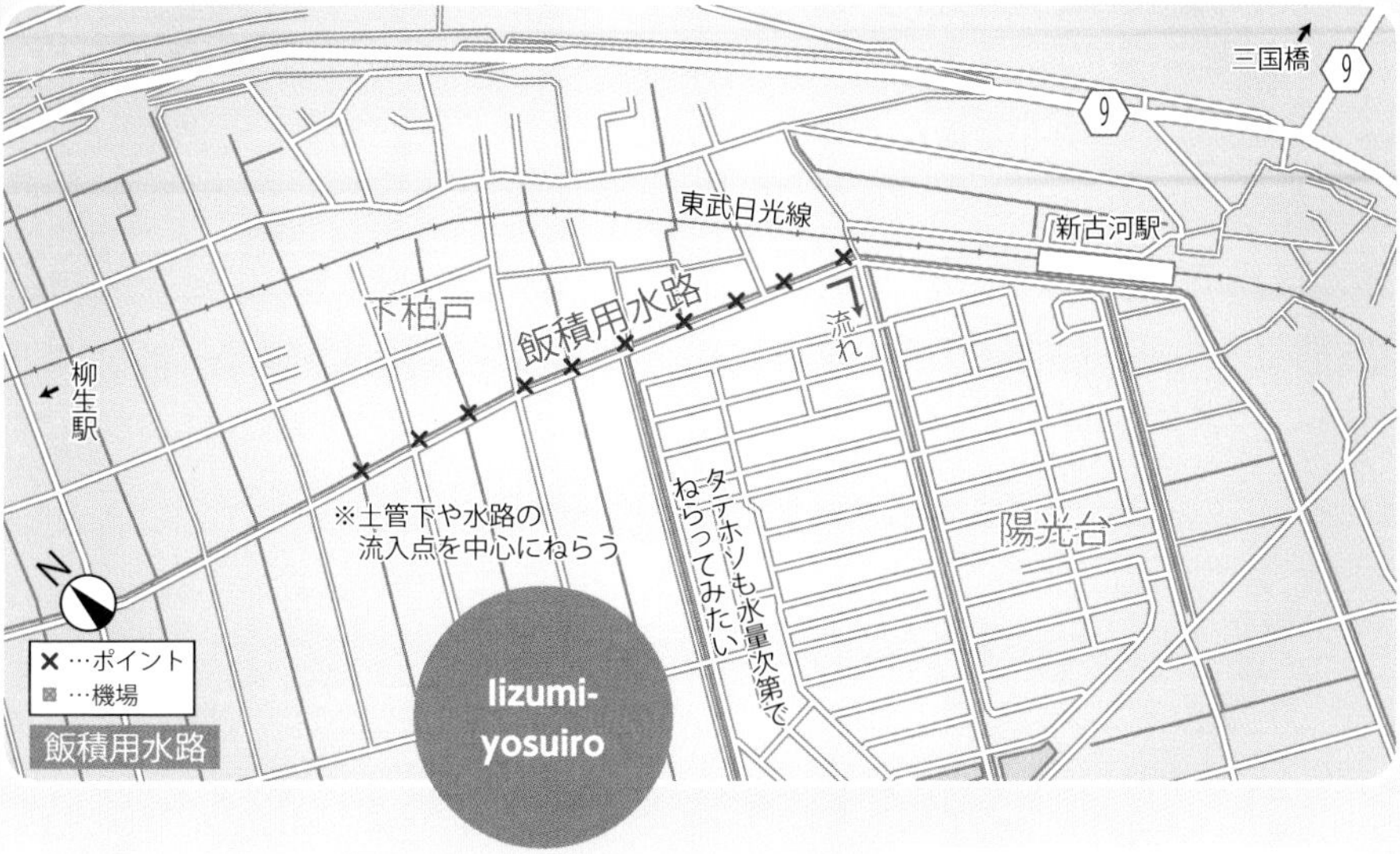

尺ブナ取り込み中！

駅近くを釣る

縦ホソもチェックしたい

尺が釣れました

ポイント例

埼玉県加須市

高台排水路

マブナ

他の魚種
ヘラブナ・ヤマベ

シーズン
5月上旬〜6月中旬

埼玉県加須市北川辺の旧川最下流に流れ込む高台《たかだい》排水路。現在では忘れられたマブナ釣り場になりつつあるが、昔の釣り場集にはマブナやヤマベの好釣り場と紹介されている。

高台排水路は、子之新排水路と同様に、旧川から春の通水後にたくさんのマブナ・ヘラブナが上る今もバリバリの乗っ込みマブナ釣り場だ。川幅は約3m。農道からの釣りになるので4・5m渓流ザオで探りたい。仕掛けは遅ジモリバランスに整えた2本バリのシモリ仕掛けが基本。流れが強い場合は遅ジモリ仕掛けでは着底が遅く流されるので、増しオモリをして早ジモリ仕掛けに変更して対処するとよい。

ヤマベも群れ泳ぐ往年の好釣り場

釣り場は旧川合流点から上流に広く、高台排水路下流部だけでも旧川合流点・橋下・クランク・水路の落とし口・犬走堀合流点とポイントは多い。

水路の落ち口ではマブナが突っかけようとしている光景も時に見られる。クランクは一番釣りやすく、周辺を丹念に探ればマブナに出会える確率は高い。エサはキヂ（ミミズ）がメインで赤虫も用意したい。赤虫はハリが隠れるようにたっぷりと付ける。

釣れるマブナのサイズはほとんどが尺である。玉網は必携で、足場が高く3m前後の玉の柄が必要だ。

直近の釣行は2022年6月中旬。途中で雷雨に見舞われ、1時間ほどしか釣れなかった。マブナはたくさん水路の落ち口に突っかけていたが、このマブナたちは食わなかった。クランクでは35㎝の尺ブナが2尾釣れた。

この日は流れが強く、旧川合流点ではヤマベの群れもたくさん泳いでいた。もう少しじっくり釣りたかったが、雷では危険なので2023年以降じっくり探るつもりである。

釣期はゴールデンウイーク後から6月中旬がよい。釣り人が少なくなったこの時期は、マブナが口を開けて待っているかもしれない。

ACCESS

クルマ
東北自動車道・加須ICを降りR125から県道46号（加須北川辺線）に入り、利根川に架かる埼玉大橋を渡って右折し旧川方面へ。旧川下流右岸に駐車場がある。

電車
東武日光線新古河駅下車。東口を出て渡良瀬川土手を旧川方面に徒歩45〜50分。

旧川合流から２番目の橋を奥に望む

東武日光線鉄橋上流側

地図の最上流ポイント付近。高台排水路は右に折れ、合流正面は犬走堀となる

東武日光線鉄橋下流側

尺ブナ。足場も高い所が多くタモは必携

埼玉県加須市

子之新排水路

マブナ

他の魚種
ヘラブナ・コイ

シーズン
5月中旬～6月中旬

埼玉県加須市北川辺は利根川と渡良瀬川に挟まれた地域。その中間に渡良瀬旧川（以下、旧川と略）があり、最下流の北川辺排水機場で渡良瀬川に合流している。

北川辺は旧川を中心に周辺には田んぼが広がる。中堀排水路、子之新排水路・高台排水路と3本の排水路が旧川に流れ込むほか、小さな水路も点在する。それゆえに、この辺りは新古河水郷と呼ばれていたようである。

旧川はマブナ・ヘラブナの魚影が多く、春4月に田んぼの通水が始まると排水路に上ってくる。子之新排水路は幅1mほどで虫エサの探り釣りによい。初期は水質が安定せず、ゴールデンウイーク後から6月中旬がねらいめだ。

水際から離れて虫エサで探り釣り

排水路から農道までは土手になっている。水際まで降りるとフナが警戒するので、3・6m渓流ザオ（マブナザオも可）で農道から探り歩きたい。仕掛けは遅ジモリバランスに整えた2本バリのシモリウキ仕掛け。ハリは袖5号、ハリス0・6～0・8号5～7㎝。エサはキヂ（ミミズ）メインで赤虫も用意しておくと安心だ。

直線的なコンクリート水路なので、水路の落ち口、排水口、小橋の陰など明確なポイントを重点的に、それらの周辺も隈なく探ることが得策である。

食い気のあるマブナはオモリが着底したらすぐにアタリを出すことが多い。アタリが出ない場合は待たずにこまめに仕掛けを打ち返そう。

下流で子之新排水路に流れ込む駒場排水路もマブナが上る。サオがだせる距離は長くはないが、子之新排水路同様に水路の落ち口を中心に探るとよい。

駒場用水合流点より下流は川幅が広くなり旧川に流れ込む。

マブナのサイズは尺がほとんどで33～36㎝が多い。ただ大型のコイやミシシッピアカミミガメも釣れてしまう。

春ののどかな一日を新古河水郷で堪能してみてはいかがだろうか。

ACCESS

電車

駐車スペースがほとんどないので電車釣行をおすすめする。東武日光線新古河駅下車。西口を出て駅前の道を直進、中堀排水路を越えて突き当りを右折し 300 mほど行くと子之新排水路（最上流ポイントの少し上）に出る。徒歩 20 ～ 25 分。

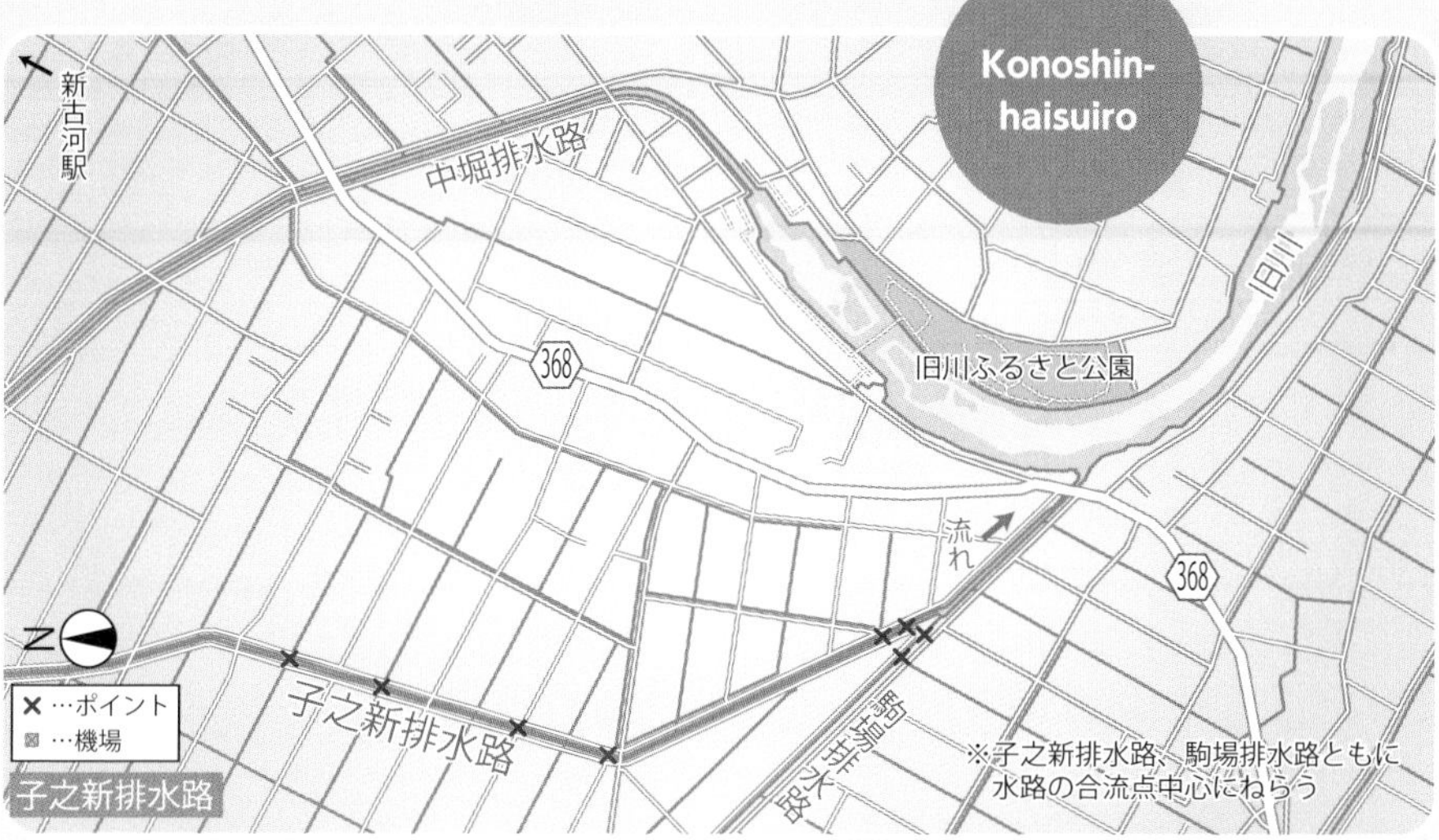

子之新排水路

釣れるマブナはほとんどが尺もの

橋の陰や土管付近がポイント

子之新排水路と駒場用水の合流点。右斜め側が子之新排水路

埼玉県吉見町

諏訪沼周辺のホソ

マブナ

他の魚種
ヘラブナ・コイ

シーズン 5月中旬〜6月

埼玉県比企郡吉見町。市野川の近くにある諏訪沼は田園地帯で周辺には水路が数多くある。春、田んぼに通水が始まると周辺の水路にたくさんのフナが入ってくる。マブナもいればヘラブナもいる。コイも入ってくる。中でも、横見川と永府《えいふ》門樋（水門）でつながっていて西吉見方面に伸びている幅3mほどのホソが人気で釣り人が多い。

コンクリート水路ではあるが、雑草がホソに掛かっている場所、クランク、小橋の陰、水路の吐き出し口などポイントがたくさんある。日によっては水面近くを泳ぐ尺ブナが見えたり、土煙が上がる場所があったりもするので否応なしにテンションも上がる。

コンクリート水路ながらポイント多し

諏訪沼周辺のホソに来ている釣り人のほとんどはヘラブナ釣りスタイルだが、赤虫・キヂ（ミミズ）の探り釣りスタイルでも釣れるので、僕は探り釣りで釣っている。

サオは3・6mの渓流ザオに、遅ジモリバランスに整えた2本バリのシモリウキ仕掛け。エサはキヂがメインであるが、食いが悪い時は赤虫の房掛けを試してみてもらいたい。ハリが隠れるくらいたっぷりと装餌しよう。

前述のポイントを中心に丹念に探って歩くことがキモ。基本的には手前、対岸の両ヘチねらいであるが、クランクや水路の吐き出し口はヘチだけではなく中沖まで広く探ってみることが大切だ。試釣時もヘチではなく中沖から釣れてきた。

探り釣りでは農道からガードレール越しに釣りをする場所が多くなる。一部、頭上に電線があるので気をつけていただきたい。釣期は5〜6月でゴールデンウイーク後からがねらいどき。釣れるマブナのサイズは20〜35㎝。大型のコイも掛かるので玉網は必携だ。

諏訪沼周辺のホソは乗っ込みフナねらいの釣り人で賑わうだろう。

なお、農家の方に迷惑がかからないようにゴミ、駐車のマナーには充分に気をつけて釣りをしていただきたい。

ACCESS

クルマ

車が便利。圏央道・川島IC を降り、R254 を東松山方面に進む。古凍交差点を右折して県道 345 号を進み、市野川に架かる慈雲寺橋を渡り諏訪沼方面へ。

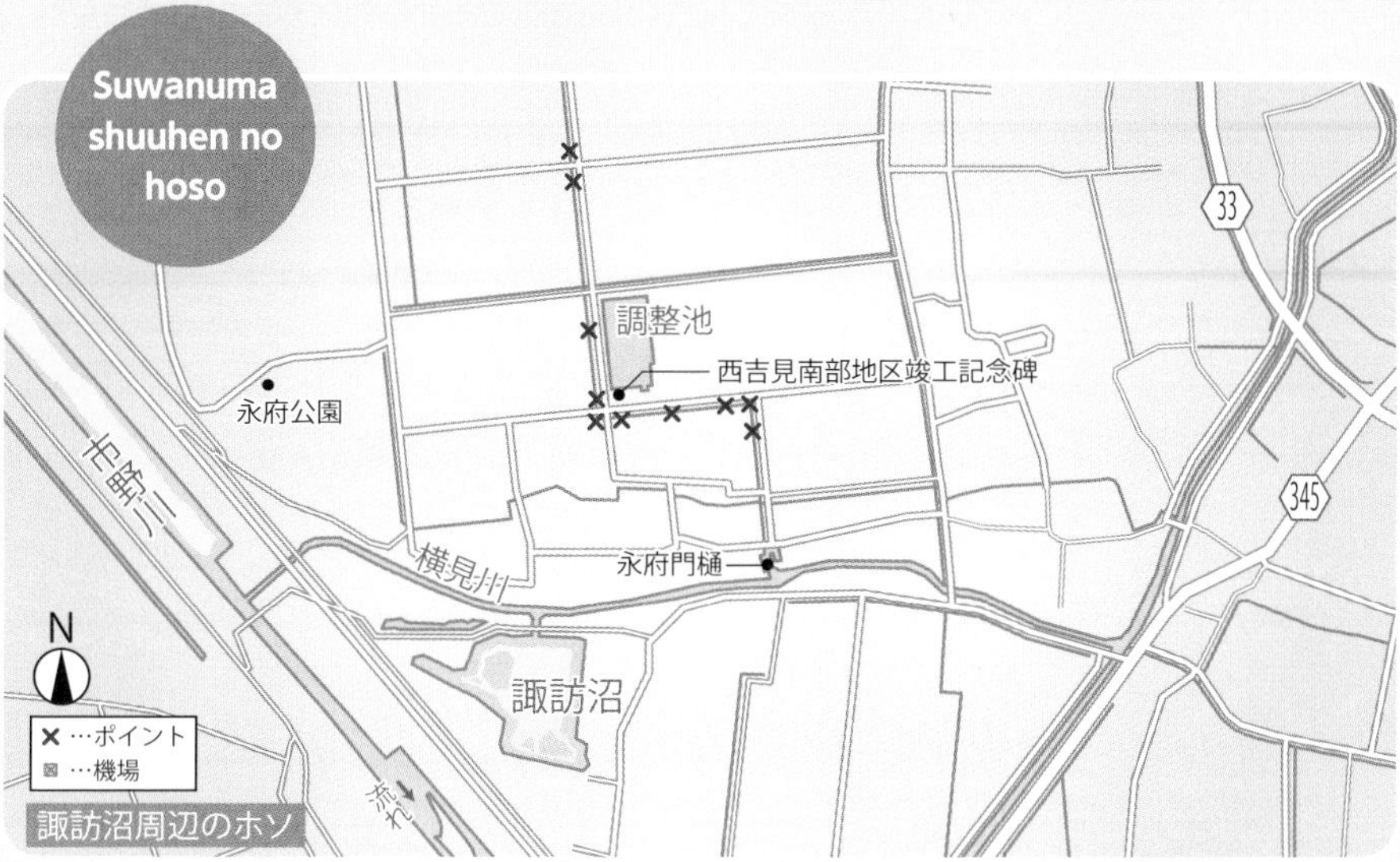

水路はコンクリートだがロケーションはのどか

橋に土管の組み合わせとクランク部、
いずれも好ポイント

最下流から上流方面を見る

中ブナがきた

埼玉県川島町

鳥羽井沼周辺のホソ

マブナ・ヘラブナ

他の魚種
ニゴイ・ブラックバス

埼玉県比企郡川島町鳥羽井新田周辺には田んぼが広がり水路がたくさんある。以前は鳥羽井沼自然公園という荒川西側の土手にひょうたん型の管理されたヘラブナ釣り場があったのだが、現在はなくなってしまった（隣の鳥羽井沼へら鮒釣場は今もある）。

立ち入りは出来なくなったが沼は存在し、ホソ（排水路）が2本つながっているので田んぼに通水されると沼からホソにフナが入ってくる。多くはヘラブナだが、マブナもいるので2本のホソ（排水路）で春のフナ釣りが楽しめる。

ヘラブナメインのマブナ釣り場

ホソの幅は2mほどで、ほとんどの人はヘラウキを使ったヘラブナスタイルで釣りをしている。ヘラブナが多いのでフナをねらうなら練りエサのヘラブナスタイルに分がある。この場合のサオは8尺（2・4m）前後でOKだ。

僕のように〝春ブナは活きエサで釣りたい派〟は、3・6mの渓流ザオにシモリ仕掛け＋赤虫の房掛け、キヂ（ミミズ）で探り釣りをしよう。ニゴイやブラックバス等の外道が多くなるがフナも釣れてくる。釣れるフナは20〜30㎝が中心。

荒川土手と平行して流れるホソ（排水路）は一部フェンスで囲まれている。

僕は年に一、二度春に釣行するが、いつも釣りをする場所は沼から県道鴻巣《こうのす》川島線方向に伸びているホソである。農道上から水路の合流点を中心にねらう。基本はヘチねらいではあるが、水路の合流点ではヘチだけではなく全体を広く探ること。外道に混じって良型のフナが釣れてきたら万々歳だ。

釣期は4〜6月だが、田んぼが稼働し始めた時は水質が安定しないのでゴールデンウイーク以降がねらい時と思う。雨後の濁りが強い時も一時的に食いが大きく落ちるので覚えておきたい。

埼玉県内の貴重な春ブナ釣り場なので、農繁期の農家の方々に迷惑をかけないように駐車やゴミの後始末等、充分に気をつけていただきたい。

ACCESS

クルマ

車が便利。圏央道・川島ICを降りR254を川越方面へ進み、上伊草交差点を左折して県道76号（鴻巣川島線）に入る。上八ッ林交差点を右折して県道74号(日高川島線)を1.5kmほど走り左方面に入り鳥羽井沼を目差す。

5月のホソ風景

木陰になる場所もある

合流・橋・コンクリート壁の凸凹と３拍子揃ったポイント

早期の佇まい

ヘラブナが多いが
マブナもしっかり
といる

神奈川県川崎市

二ヶ領用水

ヤマベ・マブナ

他の魚種
コイ・ニジマス・ブラックバス

シーズン
4月～11月

神奈川県川崎市多摩区二ヶ領の上河原堰堤から取水している二ヶ領本川。一般的には二ヶ領用水と呼ばれている。上河原取水口から下流部の川崎市までは32㎞ほどである。

二ヶ領用水は多摩川から水を引いている小さな清流。水草が繁茂している所もあり、都会の中を流れている用水とは思えないほどきれいだ。ヤマベ・マブナ（尺ブナもいる）・コイ・ニジマス・ブラックバス等が生息している。

用水沿いは桜並木で、所々、用水に降りられるようになっている。一年を通して釣り人が多いが僕は春を推したい。マブナかブラックバスねらいの人が多く、マブナは中ブナに混じって尺を優に超える大型がいる。多摩川水系だけにヤマベの魚影も非常に多く、たくさんの群れを作って泳いでいる。

桜の季節は花見も堪能

流れがあるのでヤマベ釣りをメインに、マブナも釣れたらラッキーと考える一石二鳥が僕のおすすめの釣り方。基本的には水草の切れ目を流す流し釣りと考えてほしい。見えるヤマベやマブナの群れをねらい静かに流す釣り方もよい。澄んだ浅い流れなので大釣りとはいかないが、マブナ混じりでヤマベ30～40尾は期待してもよいだろう。

ポイントは上河原取水口先の三沢川を越えた場所から、中野島中前の旧三沢川合流点までがよい。所々にある水際への降り口から水辺に降りて静かに釣る。仕掛けは3～3・6ｍの渓流ザオにミチイト0・4～0・6号をサオいっぱいに取り、ヤマベ釣り用の発泡ウキかトウガラシウキの立ちウキ仕掛け。ハリは秋田キツネ2～3号ハリス0・4号7～10㎝。エサはグルテン。

2022年4月に二度釣行した。2時間ほどでヤマベ30尾に、旧三沢川合流点で尺ブナが来た！　三沢川をまたいだ下流では20㎝級のニジマスまで釣れた。なお、尺ブナに備えて玉網を忘れずに。

用水沿いの散策だけでも気持ちがよい。桜の季節は見事ですよ！

ACCESS

電車

JR南武線稲田堤駅もしくは京王相模原線京王稲田堤駅下車。三沢川沿いを下流に1㎞ほど行くと二ヶ領用水に出る。

Nikaryo-yosui

清らかな流れ。水辺に降りられるようにスロープが設けられている

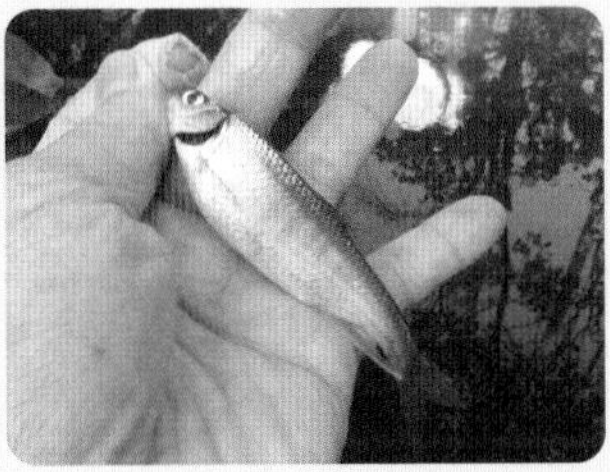

都会で清流ヤマベ釣りが楽しめます！

ニジマスも釣れた

三沢川合流よりも下流側

芝桜や桜も楽しめる

Column 1

店主の松本耕平さんと奥様のエイ子さん

和の釣り道具
始まりは東作本店から

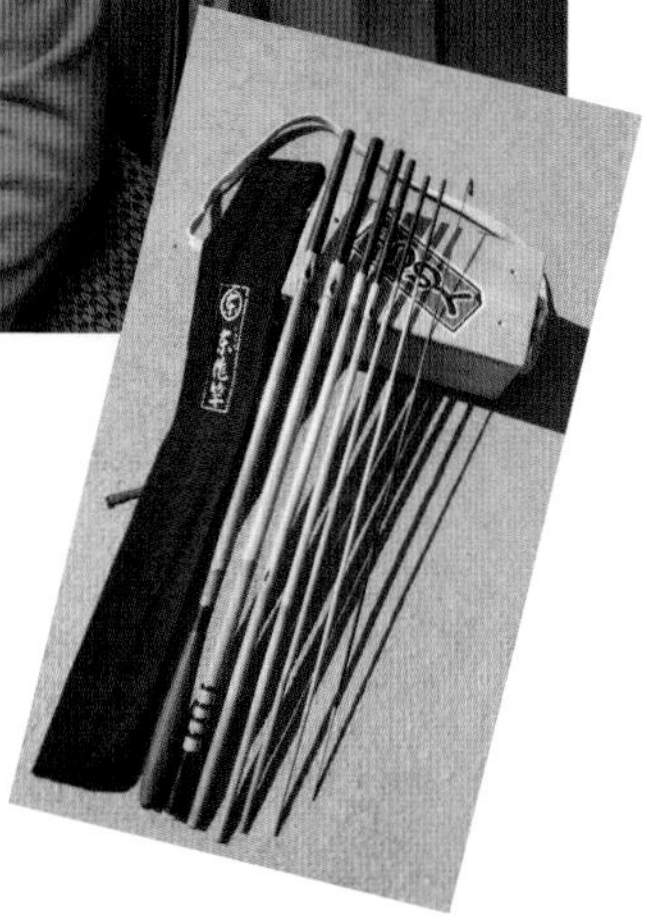
寒山のマブナザオ

30歳を過ぎた頃から、マブナ釣り用の和の道具に興味を持つようになりました。コツコツとお小遣いを貯めて和ザオを購入したのが1995年12月。初めての和ザオは稲荷町東作本店でと思っていましたが、お店に入るまではもうドキドキでした。なんといっても天明3年創業の老舗ですから、緊張しないわけがありません。

いざ、覚悟を決めて店内へ。どこにマブナザオがあるのか分からずキョロキョロしていると、店主の松本耕平さんが「何を探しているの？」と声を掛けてくれました。そして、勧めてくれたのが寒山の8尺のマブナザオです。僕にも買える値段だったので迷わず購入しました。

この和ザオがとてもよかったので、またコツコツとお小遣いを貯めて翌年の12月にふたたび東作本店を訪れました。すると耕平さんが、「君、去年も来たよね？」と僕のことを覚えていてくれたのがうれしくて、これがきっかけで東作本店に通うようになり耕平さんと僕のお付き合いが始まります。東作本店に行くのはとても楽しみで、魅力的な釣り道具がたくさんあるのでワクワクが止まらなかったなあ（笑）。

東作本店で得たものは釣り道具だけではありません。耕平さんが東作本店のイベントに僕を誘ってくれたおかげで、素晴らしい先輩方、友人たちと出会うことが出来ました。人の縁とは不思議なもので、大切にしていると次から次へとつながっていきます。

だから、今の僕があるのもたくさんの人々に支えられているからだと思っています。

東作本店に通うようになって30年弱。気さくな耕平さんと、奥様のエイ子さんの優しい笑顔に迎えられて、僕はこれからも通い続けます。

耕平さんとの出会いからつながってきた大切な人々は皆、僕の宝物です。人の縁って本当に大事ですね。

夏の釣り場

軽快な服装で楽しめるこの季節の三役といえば、
テナガエビ、ハゼ、ヤマベ。
フィールドや釣りのスタイルも
バリエーションに富んで面白い！

千葉県佐原市

利根川石納周辺

テナガエビ・マブナ

千葉県佐原市石納《こくのう》を流れる利根川は、左岸側に消波ブロック帯とゴロタ場が続くテナガエビ釣り場である。石納のホソの吐き出し口周辺は消波ブロック帯で、その先にはゴロタ場があるのでこちらのほうが釣りやすくねらいめだ。

護岸の沖にゴロタ場があり、その先にもテトラが入っているので3~3・6mとやや長めのサオを使うとよいだろう。ねらうのは沖の消波ブロック手前のゴロタ場。大利根東公園の前辺りが好ポイント。サオを2~3本並べるので三脚型のサオ掛けがあると便利。

テトラ&ゴロタを並べ釣りで。ホソはマブナ

仕掛けは、竿しば釣具店製の十字テンビン仕掛けが使いやすい。流れや根掛りに強く、このようなポイントで釣果をあげてくれる。エサは赤虫。

テナガエビは中小型が主体で、釣果は日並みにもよるが20~40尾。

利根川石納はヘラブナ釣り場としても人気があるようで、ヘラブナファンもサオをだしている。また、利根川土手を挟んで反対側にある石納のホソはマブナ釣り場だ。近年は好釣果に当たらないが、過去には泣き尺クラスが出た。利根川吐き出しの部分は広く池のようになっており、2022年4月上旬にはこの場所でたくさんのコイや大型マブナが産卵でハタいていた。ここでは釣りにならず反対の利根川の水門口をねらってみたが釣れなかった。タイミングが合えば面白いはずだ。

参考までに情報を追記すると、石納のホソ自体は石納から結佐方面に伸びていて、途中で上之島新川方面に向かっているホソもある。この分岐点辺りが好ポイントであるが、近年はコイが多い。釣期は5月以降がよい。

石納周辺は釣り場がたくさんあって面白い。好みで釣りを楽しんでください。ただし、駐車スペースはほとんどないので注意。大利根東公園にはトイレ・自動販売機・遊具がある。

ACCESS

電車

JR成田線佐原駅より江戸崎行もしくは幸田車庫行桜東バスで石納下車。R125から石納のホソまではすぐ。

利根川石納地区左岸がテナガエビ釣り場

テナガエビの平均サイズ

テナガエビは消波ブロック周りやゴロタ場を集中的にねらう

石納のホソはマブナ釣り場

茨城県美浦村

余郷干拓湖岸

テナガエビ

他の魚種
ブルーギル・ダボハゼ

茨城県稲敷市美浦《みほ》村、余郷《よごう》干拓南水路にある余郷入《よごういり》第二揚排水機場から余郷入中央排水路の蔵後余郷入機場にかけて、霞ヶ浦湖岸に消波ブロック帯が続いている。この消波ブロック帯が初夏から秋のテナガエビ好ポイントなのだ。シーズンが始まると連日テナガエビフリークで賑わいをみせる。

一見すると同じような消波ブロックが続いているのだが、その中にテナガエビが次から次へと入ってくる「通り道」がある。この道を見つけ出せるかどうかで釣果に違いが出る。

ファンが絶えない水郷のブロック帯

釣り座を構えたらあちらこちらに仕掛けを入れ、アタリが多く釣れ続くポイントを探したい。首尾よく通り道を見つけられたらしめたものだ。アタリが少なかったりウキが動かなかったらその場所は期待薄と考えてもよい。テナガエビがいればエサを見つけるとすぐウキに変化が出るはずで、このようなポイントでなければ数が伸びない。

テナガエビ釣りの面白さは、複数のサオを並べて次々にアタリがあって釣れてくる忙しさが楽しいのだ。また手持ちの1本ザオの場合はアタリがあるとつい早アワセになってしまうケースが多いと思うから、その点からも2〜3本並べて1本の様子をみている間にほかの置きザオにテナガエビが掛かっているというパターンが理想だと思う。

サオは1・5〜2・7mの小ものザオに足付きセル玉ウキもしくはシモリ仕掛けを使用する。どちらもウキの浮力よりもオモリが勝るようにすること。エサは赤虫。

2022年6月下旬に友人と釣行した。当日は午前中3時間強の釣りであったが、アタリがずっと続き33尾。型は小型が多かった。

常にアタリがあると面白いし集中して釣りに臨める。やっぱり霞ヶ浦水系のテナガエビ釣りは面白い!

なお、周辺は農地なので農作業の迷惑にならないように。駐車場所には充分注意して楽しんでいただきたい。

ACCESS

クルマ

車が便利。圏央道・阿見東ICを降り県道68号で霞ヶ浦方面に進み、R125を右折して信太古渡辺りで鳩崎湖岸方面に入る。高橋川を渡って湖岸の道を余郷干拓南水路方面に走る。

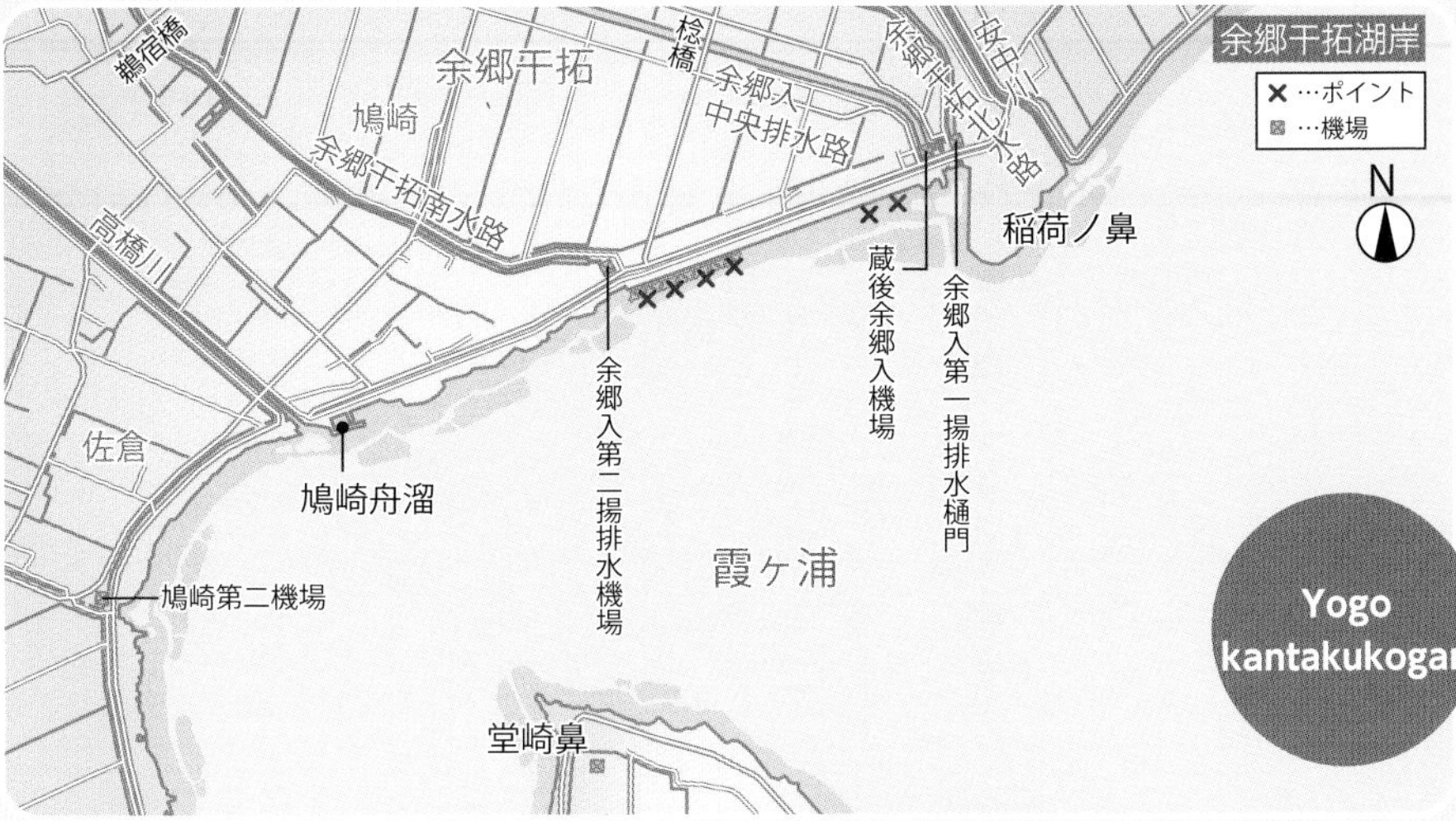

一見同じような釣り風景からテナガエビの通り道を探し出すのが釣果を伸ばすコツ

本日の釣果。アフターフィッシングも楽しみだ

これはまずまずのサイズ

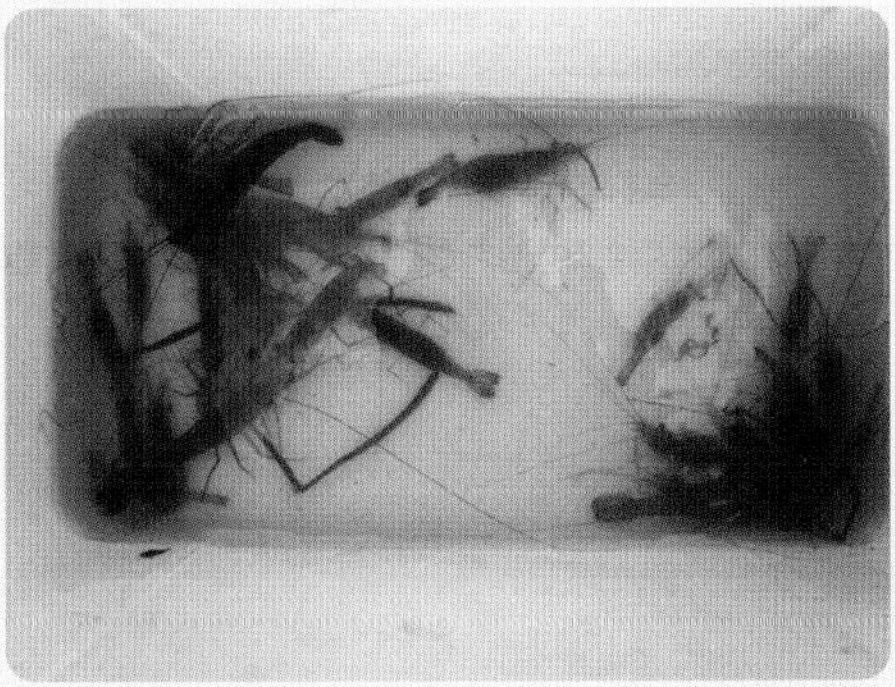

千葉県富津市

白狐川

ハゼ

他の魚種
チンチン・ウロハゼ

シーズン
7月下旬〜9月

千葉県富津市竹岡を流れる白狐《びゃっこ》川は竹岡漁港脇に流れ込む小河川で、知る人ぞ知る内房のハゼ好釣り場だ。河口付近の景色は風情があってとてもよい雰囲気をしている。

　小さな川だけにポイントは限定されてしまうが、河口付近とR127に架かる千歳橋上流一帯で実績がある。河口付近は自然豊かな干潟を形成し、ぬかるんでいることがあるので長靴等を履いていたほうがよいだろう。

　逆に、千歳橋上流は護岸されたフェンス越しとなり、釣れるが釣趣に欠ける。僕としては河口付近を断然おすすめする。なお、どちらのポイントも右岸からの釣りになる。

知る人ぞ知る内房の好釣り場

　時間帯は干潮いっぱいから上げ潮時がよい。川幅はあるが水深は比較的浅く、3・6〜3・9m渓流ザオに0・5号の中通しオモリを使ったミャク釣り仕掛けでねらう。ハリはオーナー・ハゼライト6号ハリス5cm。

　エサはアオイソメを使用。7月下旬でも比較的良型が混じるため、2cmほどにカットして房掛けでボリュームを持たせ、ハゼにアピールするとよい。

　仕掛けを沖めいっぱいに振り込んだら手前まで探ってくる。食い気のあるハゼがいればすぐにコツッやコンッとアタリが出るだろう。あまり反応がない所では粘らず、あちらこちらを探ってみよう。アタリがあればしっかり合わせる。良型ハゼの引きが伝わってくるはずだ。

　参考までに、千歳橋上流はチョイ投げタックルが釣りやすいだろう。

　2022年7月下旬に釣行した。千歳橋上流はポツポツであったが、河口付近では入れ食いで良型の強い引きを堪能した。楽しい釣りであった。この素晴らしい景色の中で皆さんもぜひ楽しんでいただきたい。

　竹岡漁港は漁師さんの仕事場なので駐車スペースはほとんどない。〝釣り鉄〟向きの釣り場である。

ACCESS

電車

JR内房線上総湊駅下車。上総湊駅入口より高島別荘入口行バスで竹岡橋下車。

ポイント最下流の河口付近に架かる小橋を望む

千歳橋上流は両岸護岸となる

河口付近は対岸の緑が目にまぶしい

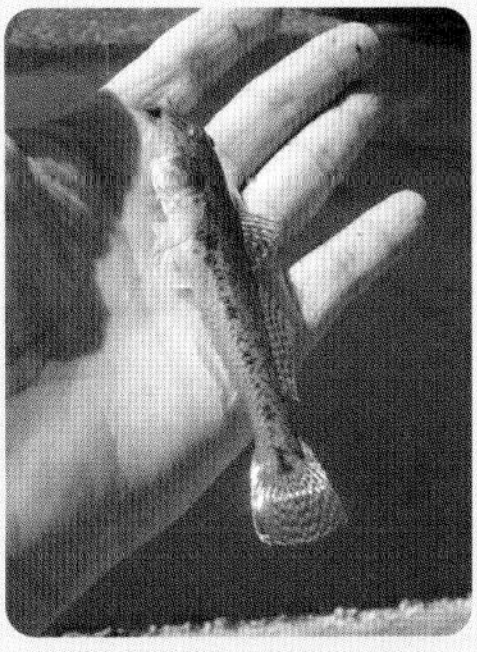

ノベザオ、チョイ投げ両タッ
クルを用意してハゼと遊ぼう

埼玉県八潮市

中川共和橋

テナガエビ

他の魚種
ダボハゼ

シーズン
5月下旬〜
7月中旬

東京都と埼玉県の境を流れる中川はテナガエビ釣りでジャンボなサイズが出るのが魅力。釣り場は県道八潮三郷線及び首都高速三郷線共和橋周辺。川の中のガレ場やタイヤ等の障害物が絶好のポイントを形成している。特に橋下は日陰で暗闇を好むテナガエビには好都合。釣り人にとっても橋下は日よけとなりうれしいポイントだ。

　中川は潮の干満の影響を受けるので、潮が動く時間帯にねらうことが鉄則。干潮いっぱいでは潮回りによっては岸寄りの水がなくなることもあるので注意したい。また、引き潮時は流速がかなりつくことがあるので、流れに強い新小岩・竿しば釣具店製の十字テンビン仕掛けを使用した釣りがおすすめである。エサは赤虫。

ジャンボサイズが魅力!

　2・4〜3・6mザオを2〜3本並べておく釣り方で、共和橋周辺は護岸されているので小型の三脚サオ掛けを使用するとよい。

　十字テンビン仕掛けではウキにアタリが出ることは少ないと思ってもらいたい。積極的にアタリを取る釣り方ではなく、ある程度時間をみてサオを聞き上げるタイム釣りである。とはいえ掛かるとゴンゴンッとくる強烈な大型の引きは、一度味わうと病みつきになるであろう。

　魚影も非常に多く2本バリにダブルで掛かることもしばしばだが、根掛かりも多発するのでハリの予備は多めに持参したい。

　2022年7月10日に釣行。干潮いっぱいから上げ5分までを釣り、19㎝級混じりで56尾と満足のいく楽しい釣りであった。当日は共和橋下に入ったが、共和橋周辺と少し下流の中川やしおフラワーパーク前もゴロタ石が点在して好ポイントを形成している。また、ポイント近くまで車で入れるのもうれしい。

　中川共和橋周辺のテナガエビ釣り、かなり面白いですよ!

ACCESS

クルマ

東京方面より環状7号線西加平神社前交差点を左折する。道なりに進み県道八潮三郷線（都道102号）に入り共和橋手前で側道に入り右折して中川河川敷へ。

電車

つくばエクスプレス八潮駅下車。中川まで1.5km。

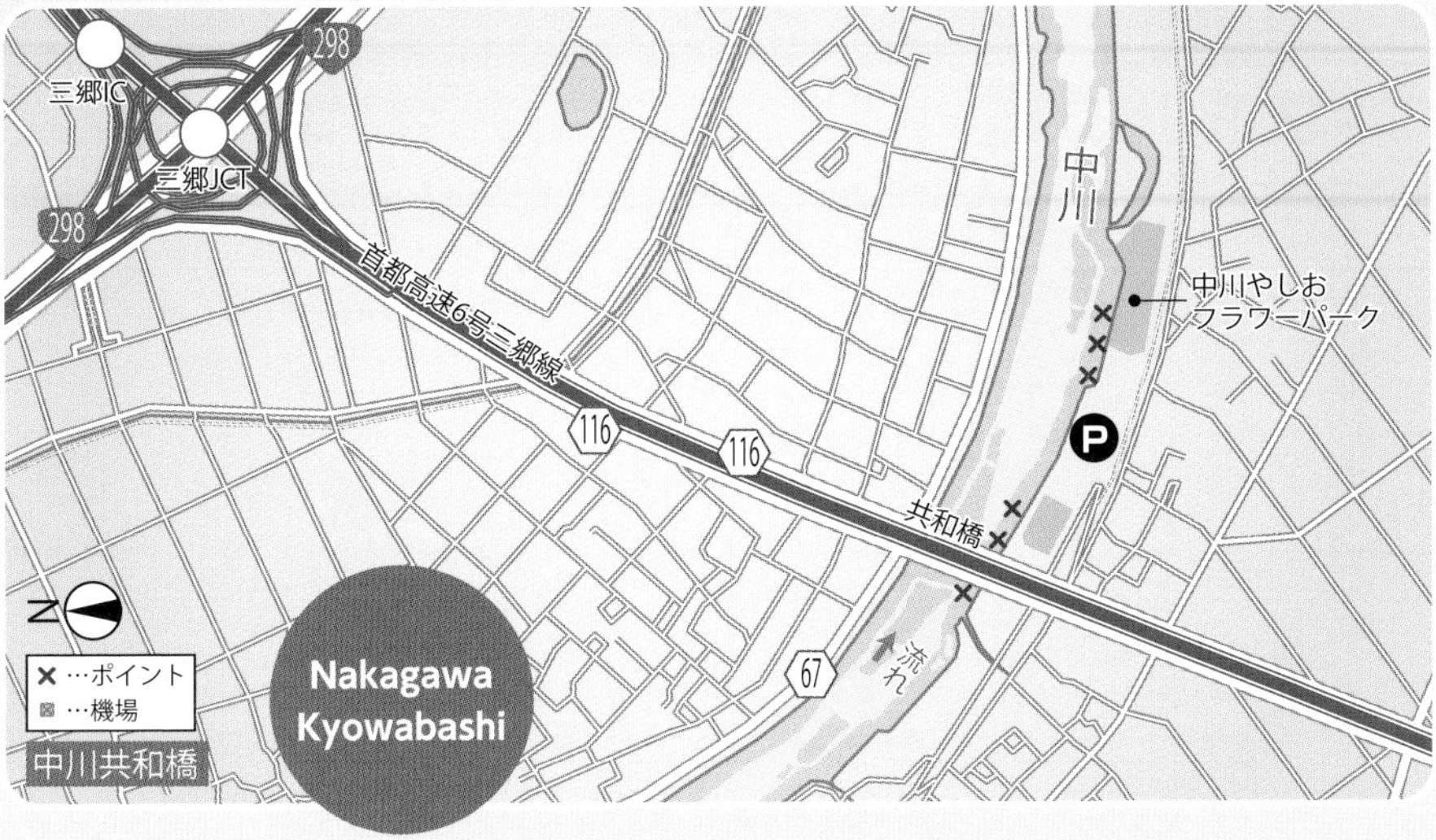

中川やしおフラワーパーク前

十字テンビンならでは、
ダブルヒット！

共和橋下のポイント

良型混じりの釣果

埼玉県三郷市

みさと公園

タナゴ・クチボソ・モロコ・テナガエビ

他の魚種
マブナ

シーズン
ほぼ周年

埼玉県三郷市・みさと公園は小合溜に面した県営の公園（対岸は都立水元公園）。隣接する小合溜には釣り禁止区域もあるが、水辺ふれあいゾーンでは釣りが出来る。（リール釣りは禁止）。

対象魚はタナゴやクチボソ・モロコにテナガエビも初夏からよく釣れる。フナもヘラブナスタイルで釣れる。僕のおすすめは、タナゴを含めた小もの釣りとテナガエビ釣りが時期的に最適だと思う。タナゴは混じる程度で大半がクチボソ・モロコだが、四六時中当たりっぱなしでつい夢中になる。

ファミリーフィッシングにもうってつけ

試釣時は釣り可能区域にスイレンがあったのでその間をねらった。表層にたくさん魚影が確認出来、1mの小ものザオにタナゴ仕掛けを結び、エサはグルテンを使用した。ハリはがまかつ極タナゴ。ウキ下は20〜30㎝。

活性が高い時期なのでクチボソ・モロコは入れ食いになるはず。根気よくやっているうちにタナゴも釣れるだろう。ただ、数を釣るには感度のよいタナゴ仕掛けを使用するに越したことはなく、タナゴに出会える近道でもある。

テナガエビねらいも非常に面白い。1.5〜2mの小ものザオに足付きセル玉ウキかシモリ仕掛けを使用し、ウキの浮力よりオモリが勝るようにする。エサは赤虫。サオは2〜3本並べるほうが効率的に釣りが出来ると思う。

テナガエビ釣りではアタリが出てもすぐ合わせてはいけない。住処に戻ってからエサを食べるので、ウキが移動して止まったら静かにサオをあげてみると、キックバックする小気味よい引きが伝わってくるだろう。

テナガエビ仕掛けにはフナが掛かることもあるので油断は禁物。またエサの赤虫は白くなってきたら新しく付け変えることが釣果に影響する。

試釣時は2時間で20尾のテナガエビであった。公園内の釣り場ではあるがとても楽しく、また遊具や広場もある。ファミリーフィッシングにはうってつけの釣り場だ。

ACCESS

クルマ
都心部方面からR298を三郷方面に向かい、みさと公園入口交差点を左折。

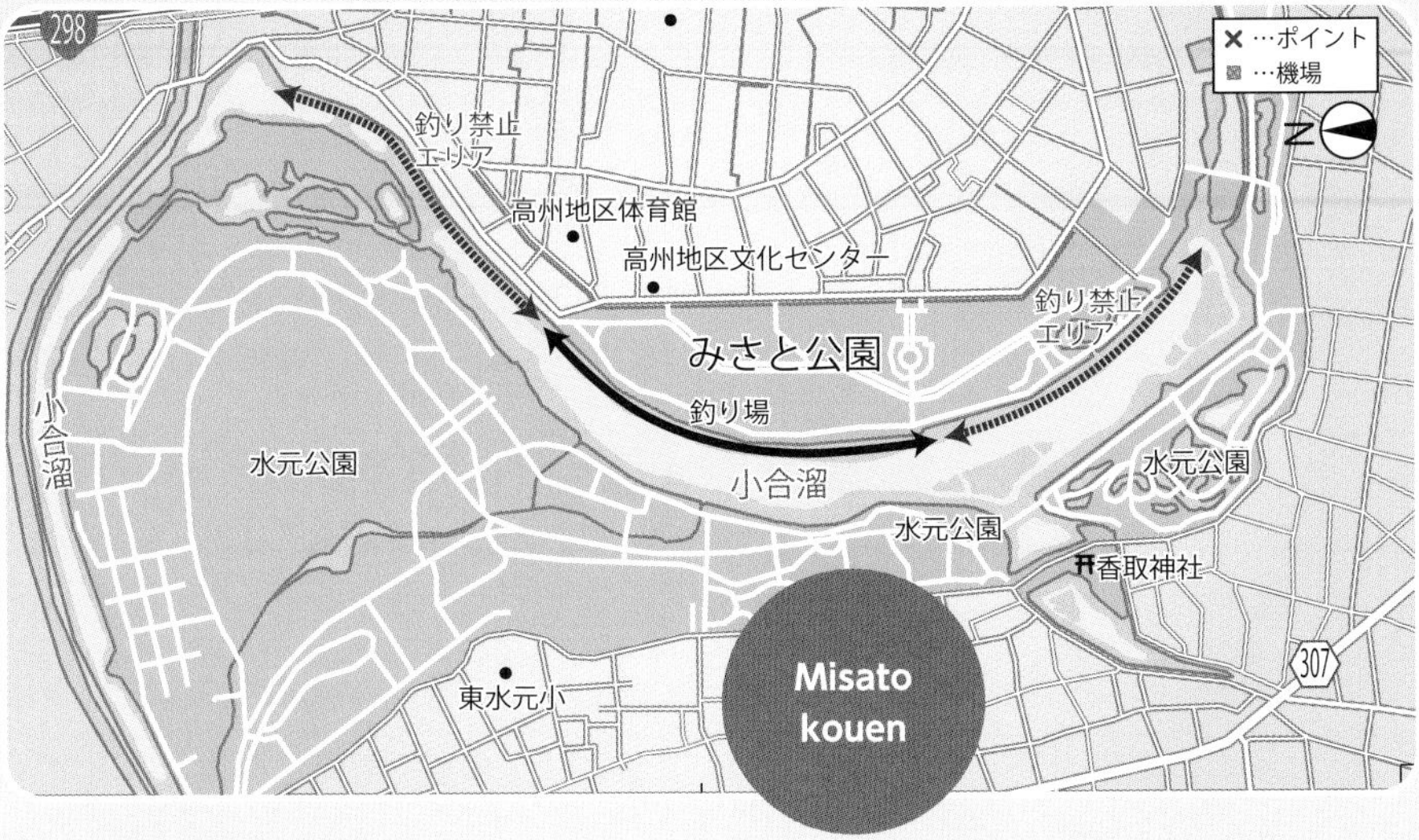

ファミリーにも安心の釣り場

タナゴもヒット

看板に公園のルールが明記されている

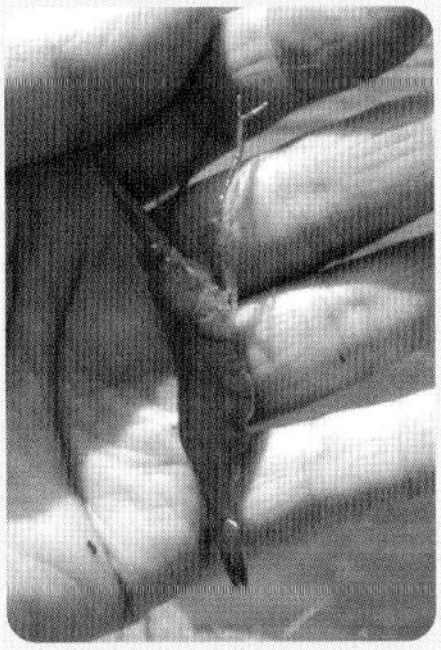

テナガエビはメスが多かった

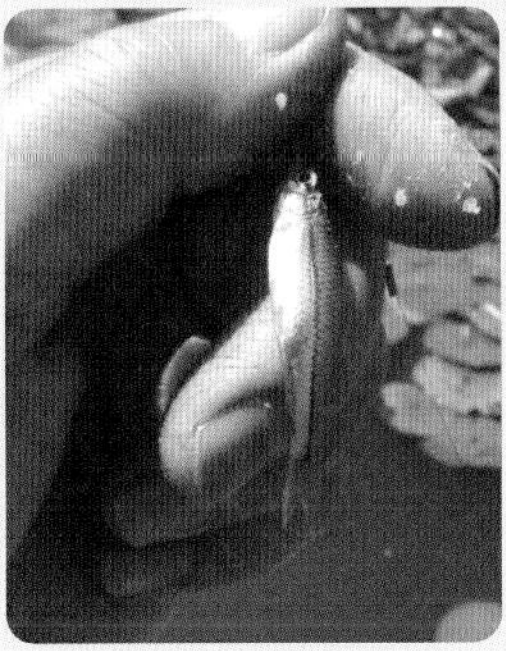

クチボソと遊ぶのも楽しい

遊具でも遊べる

埼玉県草加市

葛西用水

小ブナ

他の魚種
クチボソ・モロコ

埼玉県草加市青柳を流れる葛西用水は、昔から小ブナで知られた釣り場である。現在は両岸コンクリートで護岸され、昔のような素掘り水路の面影は全くなくなってしまったが、小ブナ釣り場としては健在である。

葛西用水は農業用の灌漑用水で、農繁期は元荒川から取水して周辺の田んぼを潤す。稲刈りが終わり、秋になると元荒川の水門が閉められ水量がグッと少なくなる。

通常は水門が閉められた秋が釣り時なのだが、ここ10年ほど僕は釣り人が少ない夏に小ブナ釣りを楽しんでいる。通水しているから流れで釣りづらい点もあるが、水が動いているから食いは活発だ。

ジャミ対策でグルテン使用、虫エサはNG

ねらいはアシが途切れているような場所で、流れの影響をあまり受けないポイントを探すとよい。たとえばアシの裏手で反転流などが出来ているようなら、いうことなしである。

僕が毎年通っているのは青柳地区の青上橋《せいじょう》から下流側の久伊豆橋《ひさいず》周辺。ここは昔から小ブナの好ポイントとして知られた場所で、3〜5㎝のミニサイズが中心だ。

タックルは2mの小ものザオにタナゴ仕掛け、ハリはテトロン糸付きタナゴバリのがまかつ極タナゴ、ささめ針新虹鱗タナゴを使用。オモリバランスは水面下で止まるゼロバランスに調節する。エサはグルテンを使用。葛西用水はクチボソ・モロコ等のジャミが非常に多く、赤虫はジャミにつつかれるだけなのでNGだ。

ウキ下を底付近に調節し、グルテンの打ち始めはジャミばかりかもしれないが、そのうち小ブナが釣れるようになるはずだ。いつまでもジャミならポイントを移動しよう。

2022年は7月17日に釣行し、上中央橋上流で2時間の釣りで33尾の小ブナであった。クチボソ・モロコは……、それはそれはたくさん釣れました（笑）。

ACCESS

電車
東武伊勢崎線新田駅下車。新田駅東口より獨協大学前駅東口行東武バスで青上橋下車。
※駐車スペースがないので〝釣り鉄〟向き。

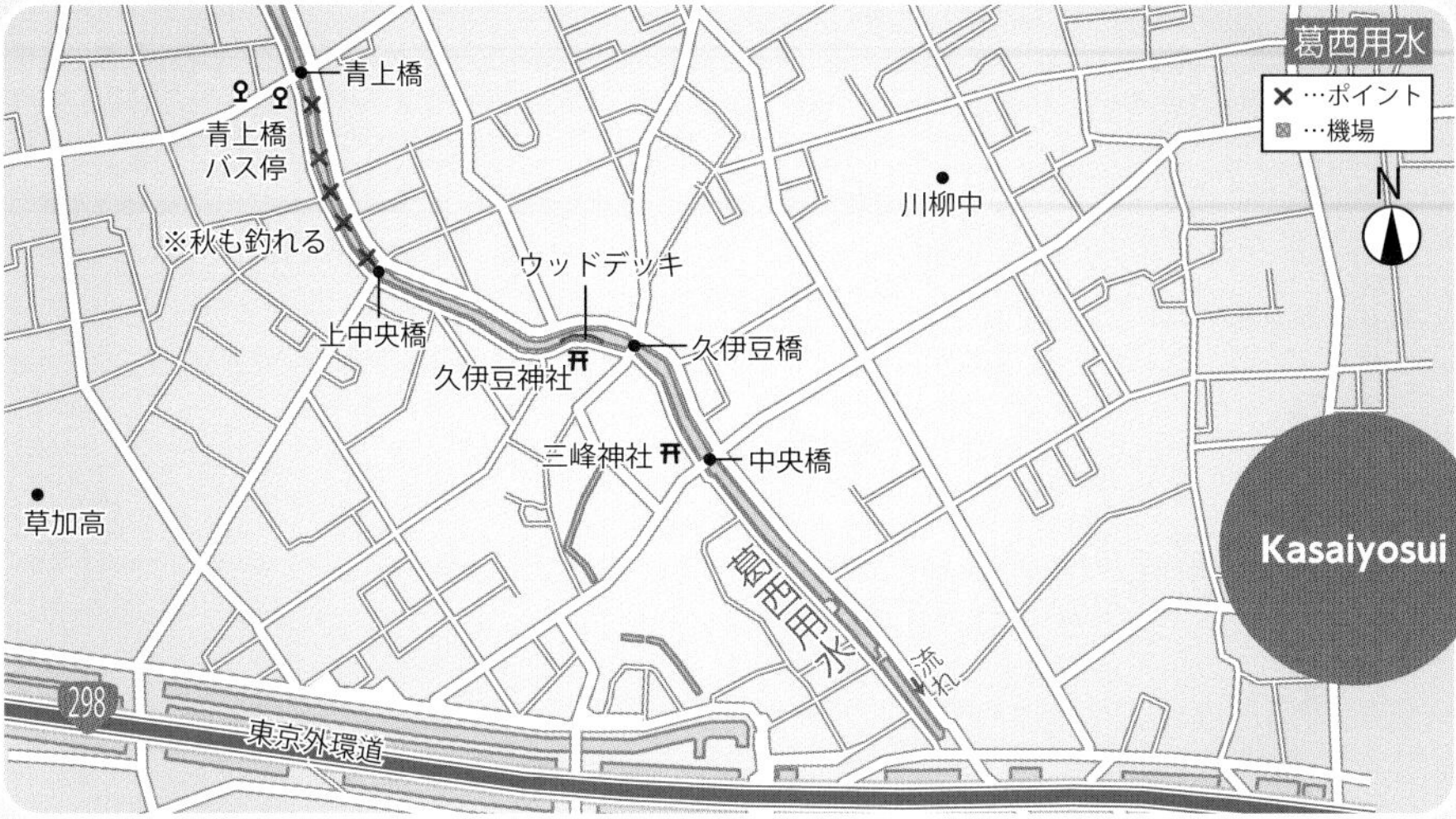

青上橋下流の流れ

かわいい小ブナ。ゲストのモロコやクチボソとほぼ同サイズ

上中央橋下流の流れ

モロコ

クチボソ

埼玉県和光市

荒川笹目橋

テナガエビ

他の魚種
ブルーギル

シーズン
5月下旬～7月

東京都と埼玉県の県境を流れる荒川にはテナガエビポイントがたくさんある。中でも笹目橋上流右岸の消波ブロック帯は、河川敷に車を横付け出来るのでマイカー派にはとても便利な釣り場だ。ここも人気ポイントなのでシーズンインと同時に多くのテナガエビフリークが訪れる。

笹目橋のテナガエビは大きい！ やはり大型が釣れるポイントはとても魅力的で、強い引きにも魅了されてしまう。人気ポイントゆえに釣り人も多く自由に探れないこともあるが、よいポイントに巡り合うとジャンボなテナガエビがゴンゴンッと強烈な引きを堪能させてくれる。

河川敷にクルマ横付けOK！

笹目橋のポイントも潮の干満の影響を受ける。干潮時は消波ブロック帯から水が引いてしまうことがあるので、満潮いっぱいを中心に上げ5分・下げ5分を目安に釣行するとよいだろう。

荒川のテナガエビ釣りでは、新小岩・竿しば釣具店の十字テンビン仕掛けが威力を発揮する。荒川はレジャーボートもよく通るのでその度波が打ち寄せるが、十字テンビンならば大きく影響を受けることはない。

ただ、十字テンビン仕掛けはアタリが出ることは少ないので、基本的に一定時間でサオを上げてアタリを聞くタイム釣りになる。釣趣は少し欠けるかもしれないが便利な仕掛けである。エサは赤虫を使用する。サオは2～3mザオを2、3本用意したい。

仕掛けをテトラの隙間に投入してアタリを待つ。テナガエビの通り道に当たったらしめたものだ。

２０２２年７月、タマヅメの１時間ほどだが笹目橋上流右岸のポイントで釣りをする機会に恵まれ、最大19・5㎝のジャンボサイズを釣ることが出来た。やはりここのテナガエビはデカイ！ そのほか外道にブルーギルも釣れた。

荒川笹目橋上流右岸のジャンボ・テナガエビに会いに来ませんか？

ACCESS

クルマ

車が便利。東京外環自動車道・和光北ICを降りてすぐの松ノ木島交差点を右折し笹目橋方面（県道88号）に走る。芝宮通りとぶつかる信号を左折して荒川河川敷方面へ走り、新河岸川に架かる芝宮橋を渡って道なりに行くと荒川のテトラ帯に出る。

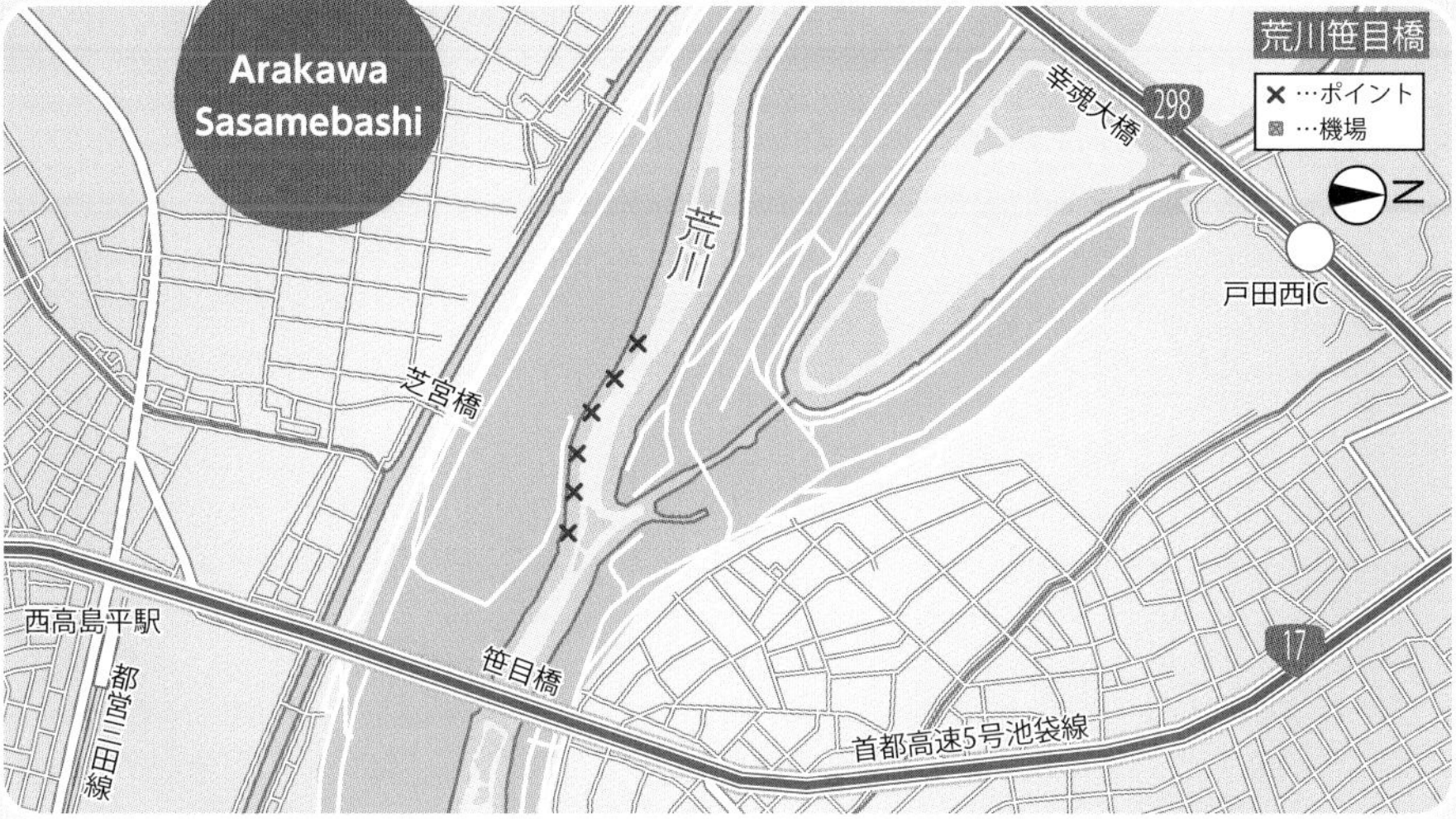

釣り場風景。カヤックを楽しむ人の姿も

ポイントは潮汐の影響を受けるので釣行時間に注意

ジャンボサイズが出るので人気

ブルーギルも釣れる

東京都江東区

仙台堀川

ハゼ

他の魚種
ダボハゼ

東京都江東区木場を流れる仙台堀川は大横川分岐点から隅田川に続いている。ハゼの魚影が多く、夏から秋にかけて楽しい釣りが出来る。

大横川の分岐点から隅田川までの間は、一部を除き遊歩道が整備され、フェンス越しの釣りとなるが遊歩道からサオがだせる。亀久《かめひさ》橋から隅田川までの間は桜並木になっているので釣りづらいが、大横川分岐点から亀久橋の間は釣りやすくおすすめポイントだ。

そして、このおすすめポイントは非常にハゼの魚影が多い！

遊歩道すぐ下の足元から魚影多し

川幅は広いけれどハゼは足元にいるので長ザオの必要がない。また投げ釣りは禁止となっている。

3・6mザオがちょうどよく、手返しよく楽しめるはず。仕掛けはミャク釣り仕掛けでミチイト1号をサオいっぱいに取り、中通しオモリ0・5号を通し自動ハリス止を結ぶ。ミチイトに渓流用の化繊目印を7～10個付けておくと便利だ。ハリはハゼライト5号ハリス5㎝。エサはアオイソメを使用し、タラシを出さないように付ける。

仕掛けを振り込んだら軽くイトを張って待つが、通常はすぐにコンッ、コツッとアタリがあるはず。10秒待ってもアタリがなければ軽く空アワセをして仕掛けをピックアップする。ハゼは居食いをしていることが多く、この空アワセで釣れるケースも多い。

ミャク釣りのアタリは手で感じる（手感）ほかに、目印に変化が出たり、サオ先を注視しているとクンクンッと引き込まれる場合があるので、目印やサオ先も注視しておこう。

2022年8月7日に亀久橋から木場公園までの間を探り歩いた。ハゼはどこにでもいる感じで入れ食い。1時間強で48尾、時速45尾であった。

近くには木場公園や東京都現代美術館があり、釣りプラスαも楽しめる。

また、亀久橋は昭和4年に架けられた歴史のある橋らしいので一見の価値ありだ。

ACCESS

電車

東京メトロ半蔵門線・都営大江戸線清澄白河駅下車。清洲橋通り（都道474号）を猿江方面（荒川方向）に歩き東深川橋交差点を右折して直進すると亀久橋に出る。上流に行くと木場公園方面

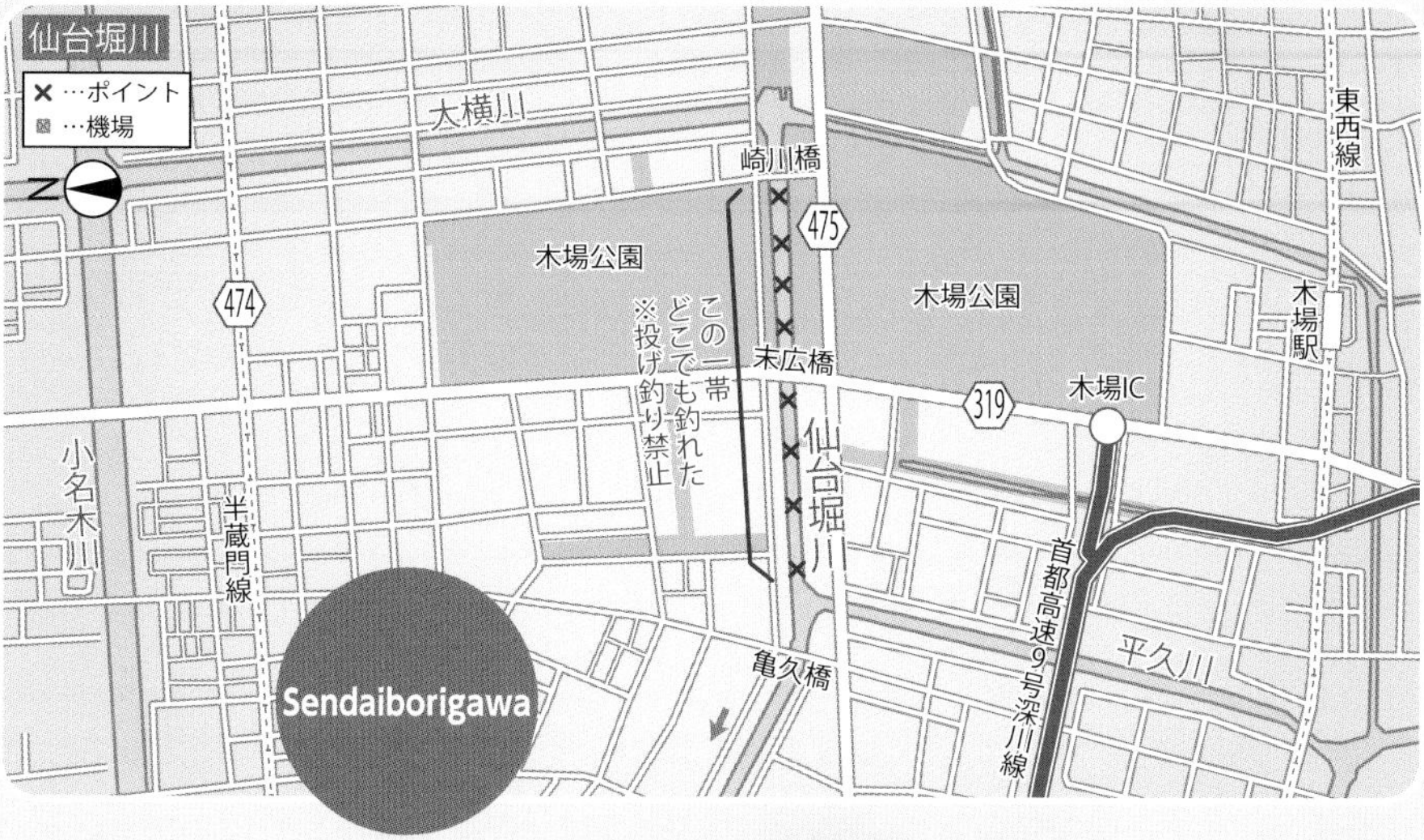

木場公園前

末広橋から亀久橋を見る

平久（へいきゅう）川
分岐点

ハゼは居食いをしているケースも多い

釣り人への注意事項。
周辺住民の迷惑にならないように楽しもう

東京都江東区

平久川

ハゼ

他の魚種
ダボハゼ

シーズン
7月〜9月

東京都江東区内には川や運河が多く、おかげでハゼ釣り場が豊富にある。

60頁で紹介している仙台堀川から枝分かれして大横川に合流する平久川《へいきゅう》も非常にハゼの魚影が多く、7月から9月にかけて楽しい釣りが堪能できる。

仙台堀川分岐点から大横川合流点までの間の両岸には遊歩道が整備されていてサオがだせる（2022年夏現在、一部工事中）。仙台堀川同様、護岸された川ではあるが、どこにでもハゼがいるような感じである。特に大和橋から鶴歩橋間は大変よく釣れる区間だ。

3・6m渓流ザオで手返しよく探る

サオは3・6m渓流ザオにミチイト1号をサオいっぱいに取り、中通しオモリ0・5号を通して自動ハリス止を結ぶ。ミチイトには化繊目印を7〜10個結ぶ。ハリはハゼライト5号ハリス5cm。エサはアオイソメ。

フェンス越しに振り込むのだが、3・6mザオで届く範囲で充分釣れるから問題はない。むしろこの長さがアタリを容易に取れて手返しよく釣れるのでベストといえる。

仕掛けを投入して、オモリが着底したらすぐに当たるはず。数尾釣ると少しアタリが遠くなるので、投入点を変えてみたり、数歩移動して食い気のあるハゼにねらいを定めることが数を釣るコツだ。ダボハゼが釣れる場合も投入点を変えるとよいだろう。

アタリがあるのにハリ掛かりしない場合はエサ付けをチェックしよう。ハゼにつつかれているうちにエサがずれてハリ先が隠れ、ハリ掛かりしないケースがあるからだ。平久川のようにアタリがガンガン出る釣り場では、常にハリ先を出してやるほうがよく釣れる。

2022年8月7日、大和橋〜鶴歩橋間を70分釣り69尾の釣果。短時間でこれだけ釣れると本当に楽しい。

平久川のハゼ釣り、楽しんでみませんか？

ACCESS

電車

東京メトロ東西線木場駅下車。永代通りを門前仲町方面に歩くと平久川に架かる汐見橋。上流に行くと仙台堀川。

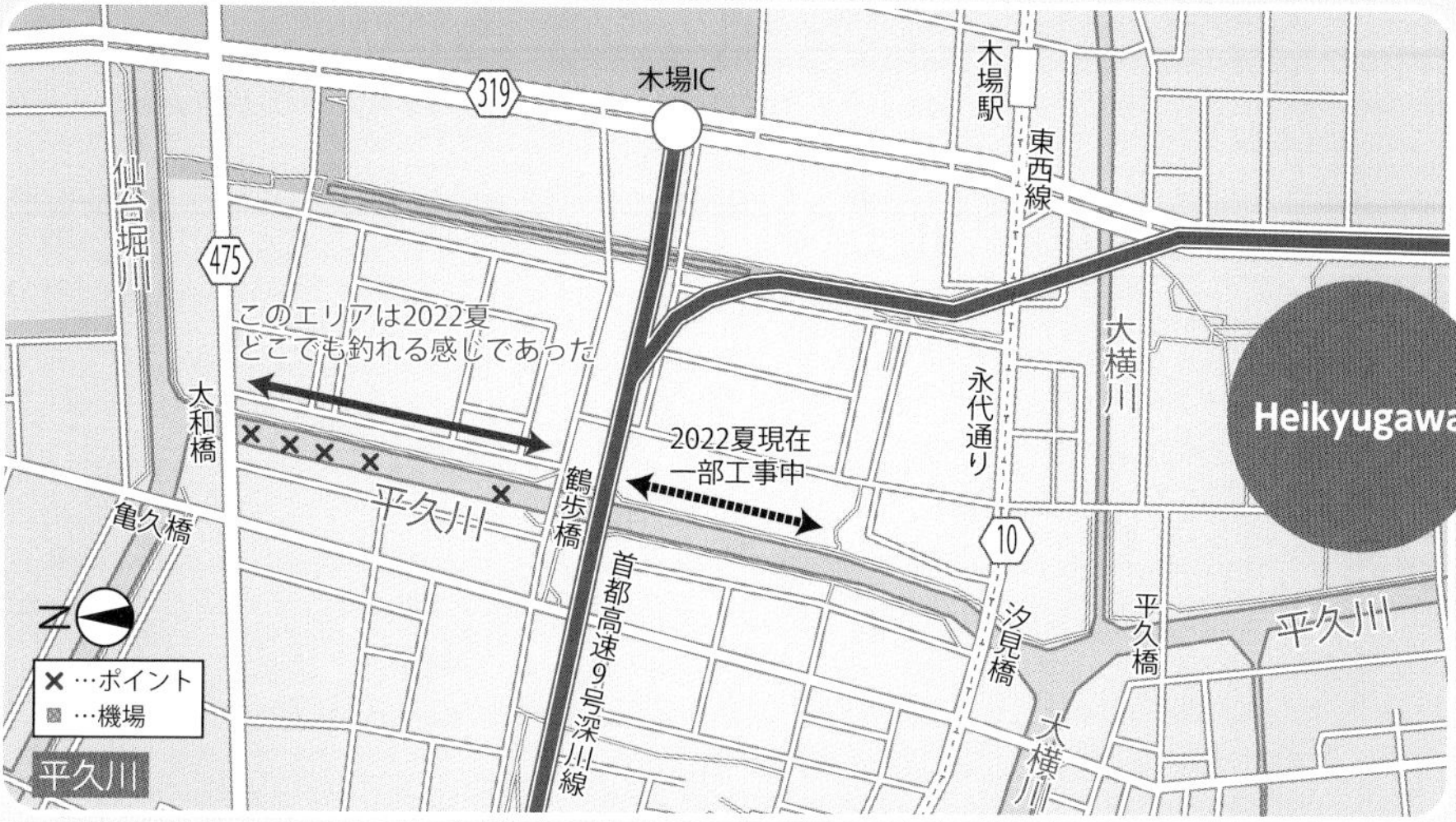

大和橋側から鶴歩橋方面を望む

仙台堀川（正面奥）との合流点

鶴歩橋から大横側方面を望む

鶴歩橋下

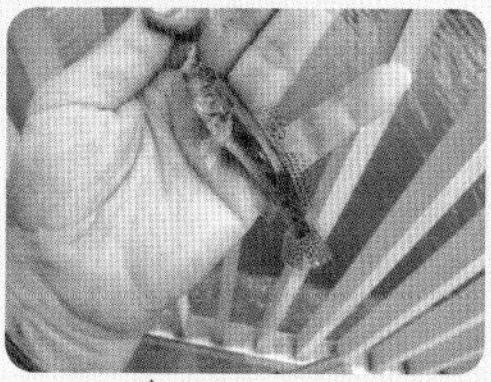

ハゼの魚影は多く頻繁にアタリがあるはず

東京都中央区

新月島川

ハゼ

他の魚種
ダボハゼ

シーズン
6月下旬〜9月

東京都中央区月島周辺にはハゼ釣り場が点在する。僕のキラキラ釣り場案内シリーズでも佃堀や月島川を紹介してきた。そして2022年、月島界隈のハゼ釣り場に新たに新月島川が加わった。これまではサオをだせる場所がなかったのだが、新月島川に架かる新島橋から隅田川水門までの中央区立勝どき五丁目親水公園にテラスが新設され、このテラスからハゼ釣りが楽しめるようになった。

水深は2・5mほどあるがハゼは手前へチにいるので、3・6m渓流ザオに0・5号のミャク釣り仕掛けでねらうと手返しよく釣れる。エサはアオイソメを、タラシを出さないようにハリに装餌する。僕はよほど食いがよい時以外は頭の硬い部分は使わない。柔らかい胴のほうが吸い込みがよいと感じている。

親水公園テラスからサオだしできる新釣り場

釣期は6月下旬から9月で、この時期のハゼはオモリ着底後すぐにアタリがあると思って釣りをしよう。逆にいえばアタリがなかなか出ない場所は数が伸びないので、見切りを早くしてよく当たる場所を探そう。

また、居食いをしているケースもあるのでサオを上げる時は空アワセを忘れずに。

僕の場合、この時期は仕掛けを投入してオモリ着底後に待つ時間は長くて10秒だ。ハゼは落ちて来るエサを見ていてすぐ食ってくるケースが多いと考えているから、だいたい5秒以内にアタリが出るつもりで構えている。10秒待って反応がなければ空アワセをして仕掛けを振り込み直す。

2022年7月下旬のタマヅメに1時間釣りをしたがほとんど入れ食い、40尾を超える釣果で他の月島界隈のハゼ釣り場と遜色《そんしょく》がない魚影であった。

なお、新月島川のテラスでは投げ釣りは禁止なので注意してほしい。

●情報問合先　春海屋釣具店（TEL03・3531・2872）。

ACCESS

電車

都営大江戸線勝どき駅下車。清澄通りを豊海方面に行くと新島橋に出る。

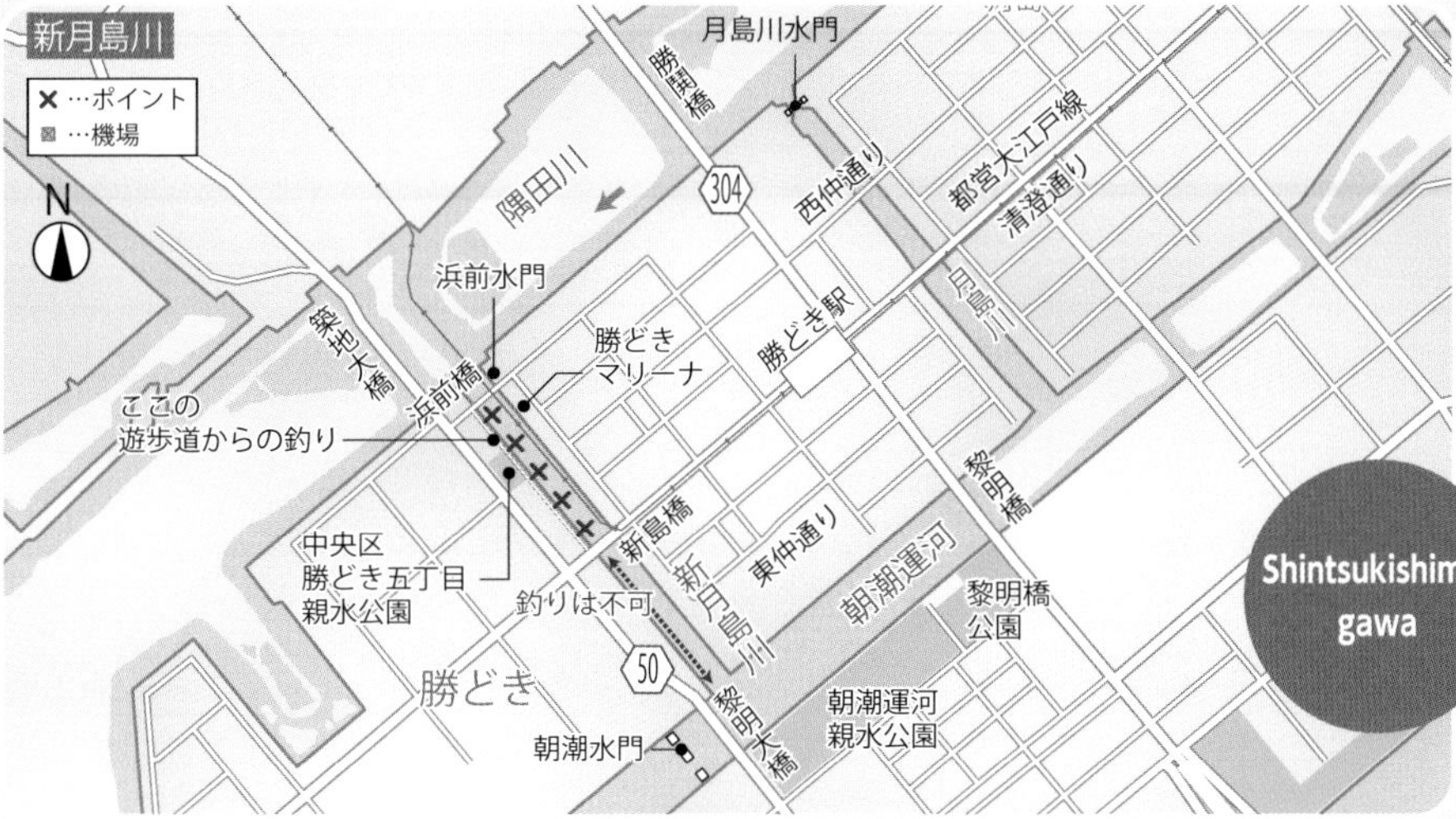

勝どき五丁目親水
公園から浜前橋側
を望む

ここではちょっと良型に入るハゼ

奥に見えるのが
新島橋

神奈川県川崎市

多摩川ガス橋

テナガエビ

他の魚種

ニゴイ・ハゼ

シーズン 5月下旬〜7月

東京都と神奈川県の境を流れる多摩川に架かるガス橋周辺はよく知られたテナガエビ釣り場である。ガス橋の上流から下流にかけての右岸がよく、橋上流は丸子ポンプ場の吐き出しと上平《ひら》間《ま》排水樋管周辺が一級ポイントだ。ここはゴロタ石が点在し良型が釣れる。満潮時は護岸まで水位があるが、干潮時はゴロタ石が露出してしまうので満潮時ねらい。水位にもよるが2・4〜3mザオで釣りたい。

ガス橋下も人気ポイント。日陰になるので釣り人が絶えない。ここは2・1〜3mザオでねらえる。

上げ潮時がおすすめの人気釣り場

ガス橋下流一帯はしばらくブロック状の護岸が続き、途中からテトラ帯となる。護岸は隙間を中心にねらいたい。ここも良型が釣れるポイントだ。サオは2・1〜3m。

引き潮時は川の流れも加わって流れが強くなることがあるので、上げ潮時をねらうと釣りやすいはずだ。

どのポイントも玉ウキもしくはシモリ仕掛けで釣りになるが、オモリが軽いと流されることがあるので、ガン玉オモリか板オモリを持参し、流される場合は増しオモリをするとよい。エサは赤虫を使用。

2022年6月19日、午後からガス橋上流右岸の丸子ポンプ場吐き出しで1時間釣りをした。ハゼ、ニゴイ混じりでテナガエビは11尾。

潮が引いてしまったので橋下流右岸のブロック護岸に移動した。引き潮時で流れが強く、増しオモリで対応。数こそ少なかったものの1時間の釣りで19cm級を4尾、ジャンボテナガエビの強い引きを堪能した。

結局2時間ほどで15尾であったが、大型が揃い楽しい釣りであった。

ここはガス橋が出来る以前には平間の渡しがあった場所である。多摩川にはこのような史跡が各所にあるので、史跡めぐりも楽しいかもしれない。

ACCESS

クルマ

環状8号線千鳥町三丁目交差点を神奈川方面に向かうとガス橋に出る。橋を渡って左折すると河川敷に上平間駐車場がある。夏季は午前6時〜午後6時30分まで。1日1回500円。

電車

JR南武線平間駅下車。駅前のガス橋通りを東京方面に向かうとガス橋に出る。

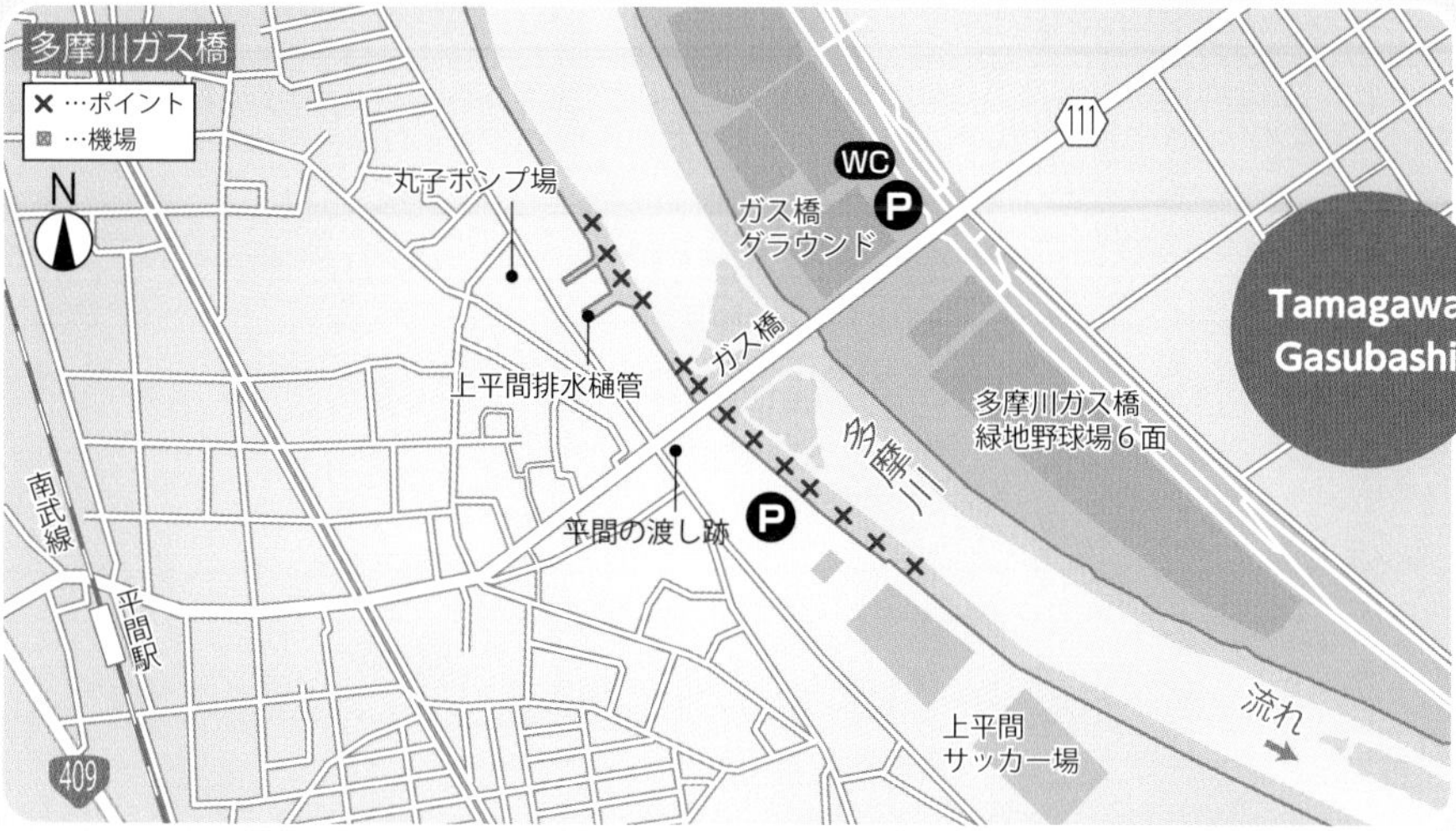

ガス橋から下流を望む

ガス橋下もポイント

ガス橋上流のポイント

ジャンボサイズ

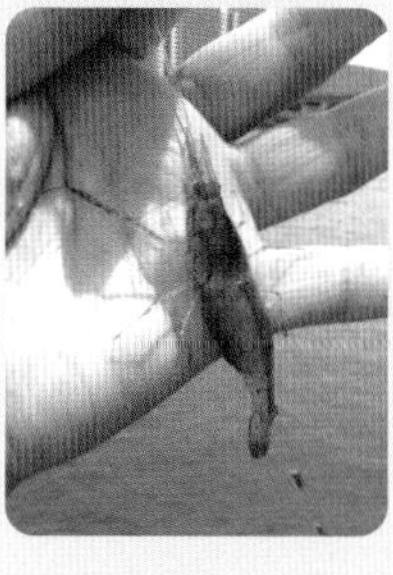
こちらはメス

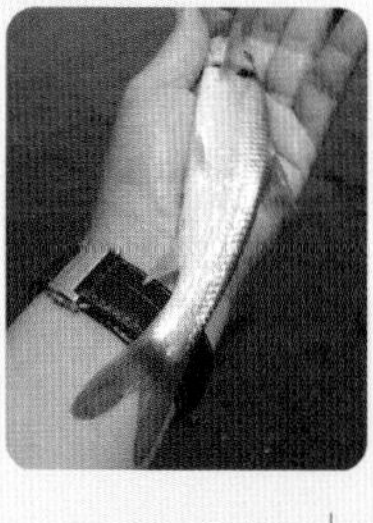
ニゴイも釣れる

東京都日野市

多摩川日野&谷地川

ヤマベ

他の魚種
ウグイ

　東京都日野市周辺を流れる多摩川は、僕が子供の頃に初めて自力でヤマべを釣った大変思い出深い場所だ。婚姻色の出たオス2尾とメス1尾を今でも鮮明に覚えている。あれから半世紀が過ぎても日野周辺はヤマベの好釣り場である。多摩川本流でいえば中央線鉄橋下流が魚影の多いポイント。瀬を毛バリ仕掛けで流すとよく釣れる。
　穴場は中央線鉄橋上流右岸に流れ込む支流の谷地川《やじ》。難点は入川箇所の少なさで、多摩川合流点から遡行するか、合流点から土手道を上流へ400mほど行くとある谷地川に出られるケモノ道を抜けるかの2つに限られる。

夏の瀬を毛バリで釣り下る

　川幅は5mほどで水深10〜30㎝の瀬が続く。とても浅い流れであるが、水深10㎝でもしっかりヤマベはいる。

　長めのサオで離れた所からポイントをねらうのがセオリーで、釣り方は、水量が少なければ木製玉ウキを使いオモリを付けないフカセ釣りがよい。水量があれば毛バリ釣りが面白い。サオは3・9mの渓流もしくはハエザオ。

仕掛けは、フカセ釣りはミチイト0・4号に木製玉ウキを通し羽根ウキを2個付ける。ハリはヤマベ3号でハリス0・3〜0・4号を15㎝取る。ミチイトとハリスの接続は極小丸カンを使用するとよいだろう。エサはサシ。

　毛バリ釣りは市販の毛バリ仕掛けでよく釣れる。釣り下るのが鉄則なので、エサ釣りで合流点から釣り上って、ある程度上ったら毛バリで釣り下ってくる手もある。

　多摩川中流は本支流とも駐車スペースがほとんどなく、釣り人も少なくてゆったりと静かな釣りが楽しめる。2022年7月、水量があったので谷地川を毛バリでねらうと、中小型が中心であったがガンガン当たって面白い釣りができた。なお本支流ともにウエーダーが必要。
●多摩川漁業協同組合（℡042・361・3542）。遊漁料3号区雑魚日釣り500円。

ACCESS

電車
駐車スペースがないので電車釣行がおすすめ。JR中央線日野駅下車。中央線線路沿いを立川方面に行くと15分ほどで多摩川に出る。

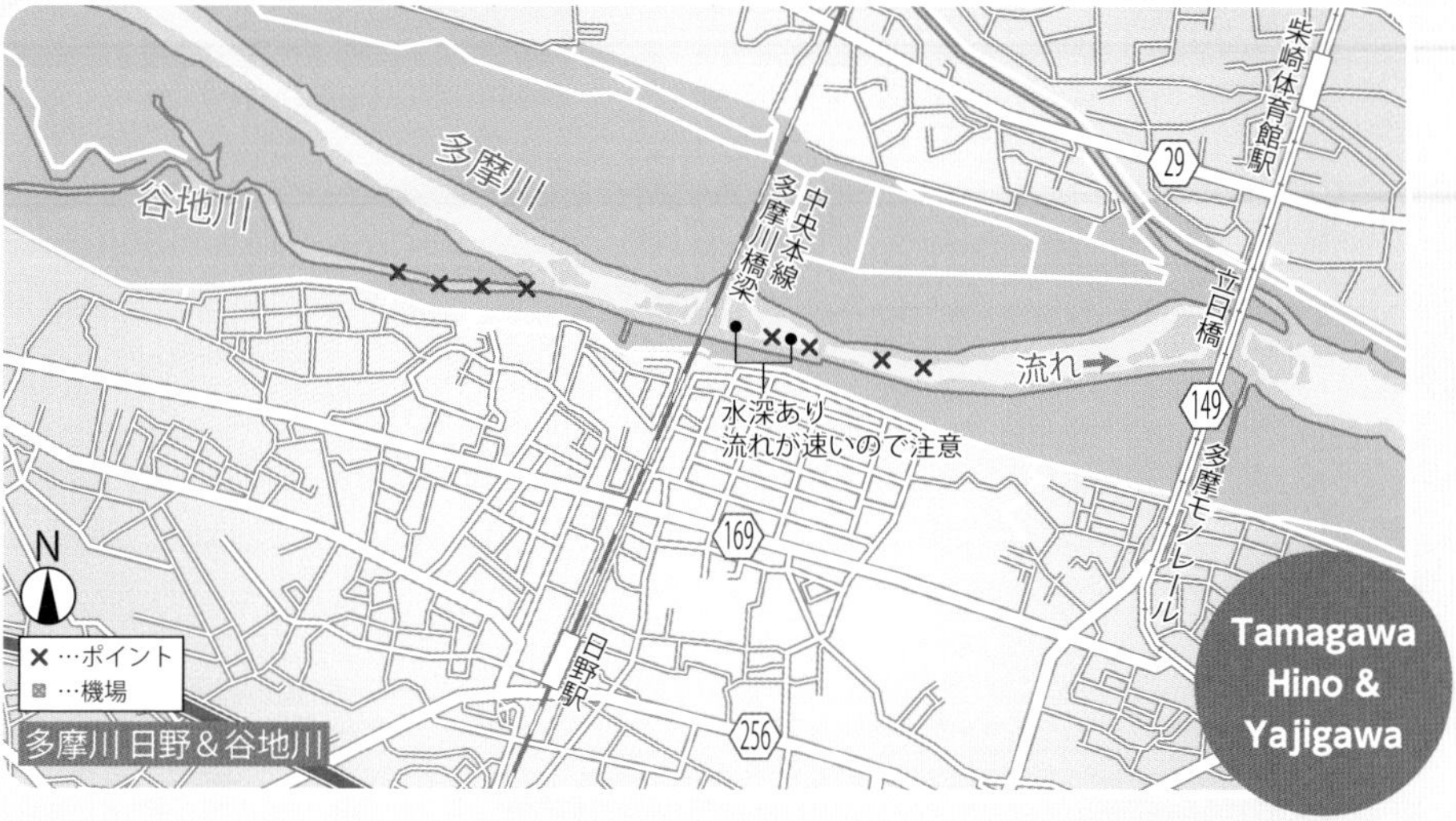

中央線鉄橋下流

中央線鉄橋付近

多摩川本流の
ヤマベ

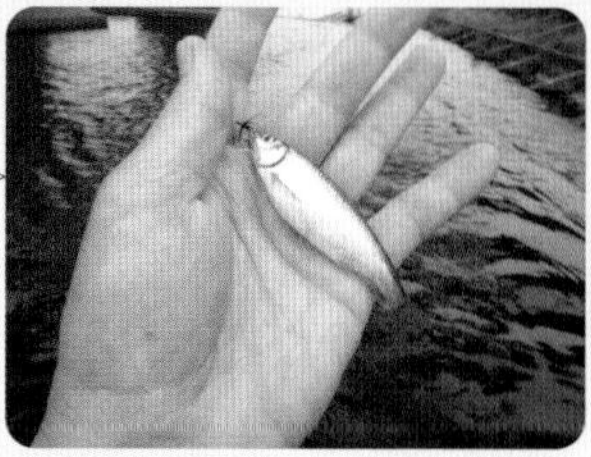

多摩川土手から谷地川を望む

谷地川の流れ

埼玉県飯能市

成木川

ヤマベ

他の魚種
カワムツ

シーズン
5月〜10月

東京都青梅市と埼玉県飯能市を流れる成木川は荒川水系入間川の支流。上流は渓流の釣り場だが、入間川合流点から上流・清川橋の区間はヤマベやカワムツ等の小もの釣りが楽しめる。(※2022年夏現在、清川橋周辺は橋脚工事中のため釣り場はその下流)

成木川は人気河川で釣り人が絶えない。僕のように蚊バリやエサ釣りでヤマベを釣る人もいれば、フライフィッシングの人もいる。近年はブラックバスねらいのルアーの人も見掛ける。

川幅は5mほどの小さな流れだが、澄んだ清流である。両岸は雑草で覆われ、土手から所々に降り口がある。

毛バリもフカセ仕掛けも強い瀬を流す

釣り方は、ほかに釣り人がいなければ釣り下る毛バリ釣りが面白い。盛夏ならではのバシャッと毛バリに飛び出すヤマベに興奮する。釣り人がいて移動がままならなければサシエサのフカセ釣りがよいだろう。

サオはともに3・9mヤマベザオ。毛バリ釣りは市販の毛バリ仕掛けでよい。フカセ釣りはミチイト0・4号をサオいっぱいに取り、飛ばしウキの役目となる木製玉ウキを通し、その下にアタリウキの山吹もしくは羽根ウキを2個通す。ハリはヤマベバリ4号。ミチイトとハリスの接続は極小の丸カンでつなぐ。

ヤマベねらいでは毛バリ釣りもフカセ釣りも強い瀬を流したい。緩やかな流れはカワムツが入れ掛かりとなる。

2022年夏、夕方1時間ほど毛バリ釣りを楽しんだ。良型のヤマベがガツンッと飛び出したり、カワムツの入れ掛かりに苦笑したりと、短時間であったが毛バリにガンガン反応した。成木川が人気なのもうなずける。

なお、土手にはマムシに注意の看板があるので、ウエーダーを履くなどして足元はしっかりガードしてほしい。

●入間漁業協同組合(TEL042・973・2389)。遊漁料日釣り雑魚400円(現場売り500円)。

ACCESS

電車

西武池袋線飯能駅下車。南口を出て入間川に架かる飯能大橋を渡り下流方面へ行き浄化センターを目差す。

※クルマは駐車スペースがほとんどないので注意。

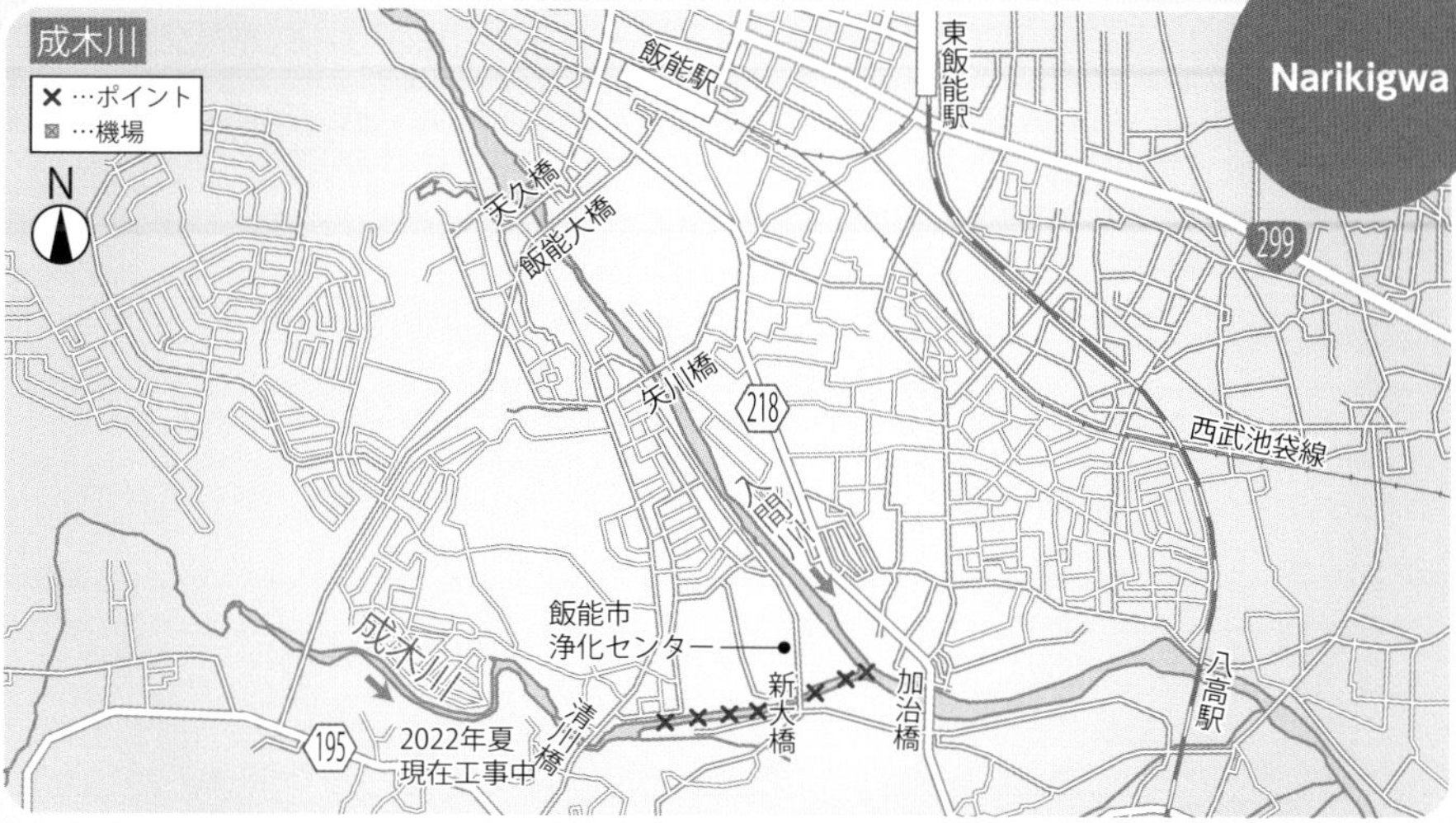

新大橋下流の流れ

新大橋から上流を望む

新大橋から上流を望む

清川橋下流の川相

モバリに出た
ヤマベ

東京都奥多摩町

奥多摩湖

ヤマベ

他の魚種
ブラックバス・ブルーギル・ヘラブナ

東京都西多摩郡奥多摩町にある奥多摩湖。僕が車の免許を取り立ての頃、よく通ったものである。その自然は昔と変わらず、天気のよい夏に訪れると青空に緑の湖の色が映えて東京都とは思えないほど景色が素晴らしい。

奥多摩湖で釣りが出来る場所は限られるが、水辺に降りられる所はだいたい駐車場があるので目安にするとよい。駐車場から水辺に降りられる階段や道があるはずだ。以前「ドラム缶橋」と呼ばれていた浮き桟橋は釣り禁止になっているので注意してほしい。

ウキ下1mで警戒心の少ない下層の魚ねらい

近年ずっと奥多摩湖のヤマベ釣りが気になっていたので、40年振りに釣行して来た。2022年夏、深山《みやま》橋のポイントには駐車場も食堂もあるので僕のお気に入りだ。当日は風の影響を避けて大津久《おおづく》地区に入釣。ワンドで湖面も穏やかだった。ヤマベは表層にたくさん見られ、魚影が多くて安心した。

3・9〜4・5mヤマベザオにミチイト0・4号、ハエウキを使用した多段シズ仕掛け。ハリは早掛けハエスレ2号。ハリス10〜15㎝。エサはヘラブナ用の練りエサで、はじめにバラケ性の高いエサでヤマベを寄せてから、グルテン等のバラケ性の低いエサで食わせるパターンがよいと思う。

表層のヤマベは警戒心が高くなかなか食わないので、ウキ下を1mほど取って下の魚をねらうほうがよく掛かる。アタリはウキがスパッと消えるものからチョンッと小さく入るものまでさまざまで、どんどん合わせていく。

ヤマベは泳ぎ回っているようで、バタバタと釣れたかと思えば、パタリと止まることもある。アタリが途絶えた時はバラケ性の高いエサで引きつけよう。ブラックバスやブルーギルがたくさんいる所は避けたほうが賢明だ。また湖は足元から深いので、充分気をつけて楽しんでいただきたい。

周辺には日帰り温泉施設もあるので、帰りに汗と疲れを流すのもよいと思う。夏は山上湖のヤマベ釣りが面白い！

ACCESS

クルマ

東京方面より青梅街道を奥多摩方面に走る

電車

JR青梅線奥多摩駅下車。小菅の湯・留浦・鴨沢西・丹波山村役場の各方面行バスで峰谷橋・大津久・深山橋の各停留所で下車。

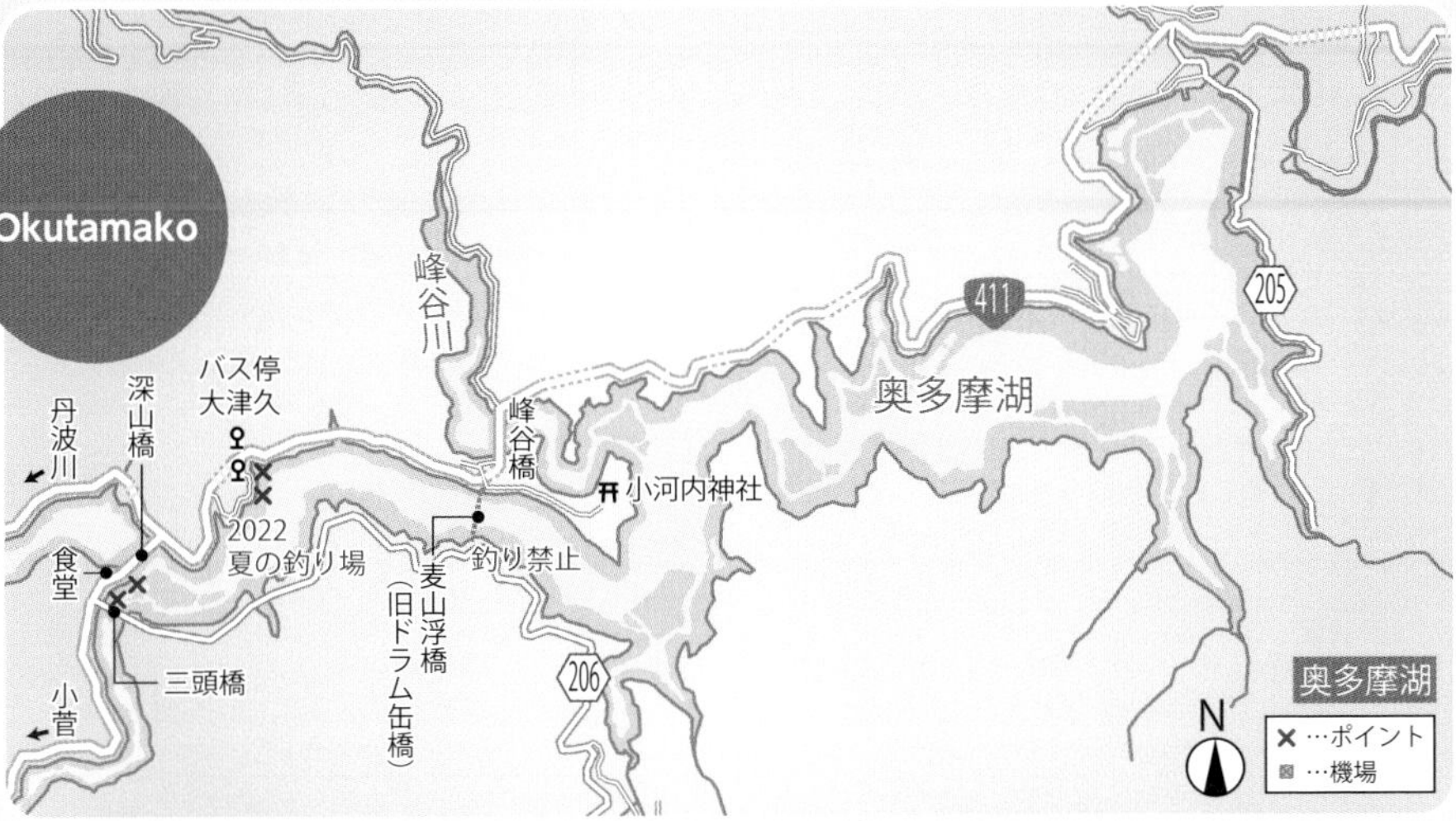

夏空に緑の湖面が映える奥多摩湖

深山橋〜三頭橋のポイント

大津久地区を釣る

釣り場への
降り口例

良型がきた！

神奈川県横浜市

柏尾川

ヤマベ

他の魚種
マブナ・コイ・アユ・チチブ・ボラ

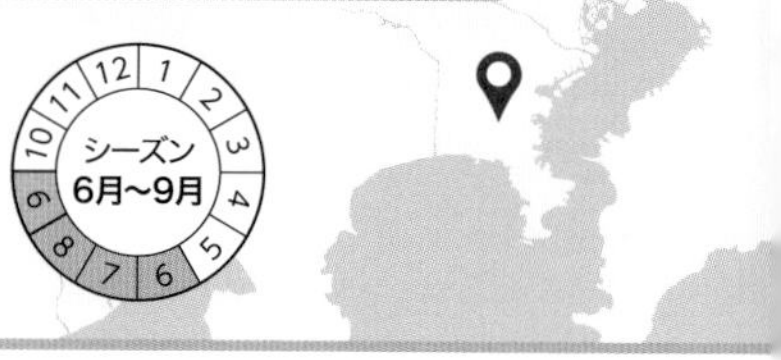

水辺に立てば都会を忘れる夏草と清流

神奈川県横浜市戸塚区を流れる柏尾川は非常にコイの魚影が多く、これまでに何度となくコイ釣り場として紹介したり取材したりしてきた。僕が柏尾川に通い始めたきっかけはマブナが釣れる川として紹介されていたからで、今から30年以上も前の話である。現在もマブナはいるが、どちらかといえばコイ釣り場である。

冬の柏尾川は主にコイねらいとなってしまうが、春から夏にかけてはアユやヤマベがたくさん遡上するので、戸塚駅下を流れる都会の川が一変して清流の趣に変わる。そこでこの季節はヤマベをねらいたい。

戸塚駅周辺にもヤマベはいるが雑踏が気になるので、高島橋下流をおすすめしたい。両岸は堤防になっているが、所々にある遊歩道から川辺に降りられる。川の周囲は緑に覆われ、川辺に立てばここが都会の川とは到底思えないほどの雰囲気だ。

足場は比較的よく、護岸の階段から釣ることも可能だ。川幅も狭いのでサオは3・6～3・9mのヤマベもしくは渓流ザオでよい。仕掛けはハエウキ(ヤマベ用の発泡ウキ)かトウガラシウキを使った立ちウキ仕掛け。ハリはヤマベバリ3～4号ハリス10㎝。エサはサシでOK。虫エサが苦手という人にはグルテンを使用してもよい。

タナは底スレスレを流すイメージ。それほどガンガン流れているわけではないから釣りやすいと思う。

仕掛けを投入し、流れに乗せて流すとウキがスッと引き込まれる。緩やかな流れは外道が多くなってしまうので、しっかり流れがある筋を探ればヤマベは釣れてくるはずだ。

2022年7月18日柏尾川で2時間釣りをした。30℃を超える暑い日であったが30尾超のヤマベが釣れ、婚姻色がキレイなオスも混じった。

中小型中心だが都会の川でヤマベ釣りが楽しめるのだからうれしい。柏尾川のヤマベ釣り、なかなかよいですよ。

ACCESS

電車

JR東海道線または横須賀線、横浜市営地下鉄ブルーライン戸塚駅下車。高島橋までは徒歩15分ほど

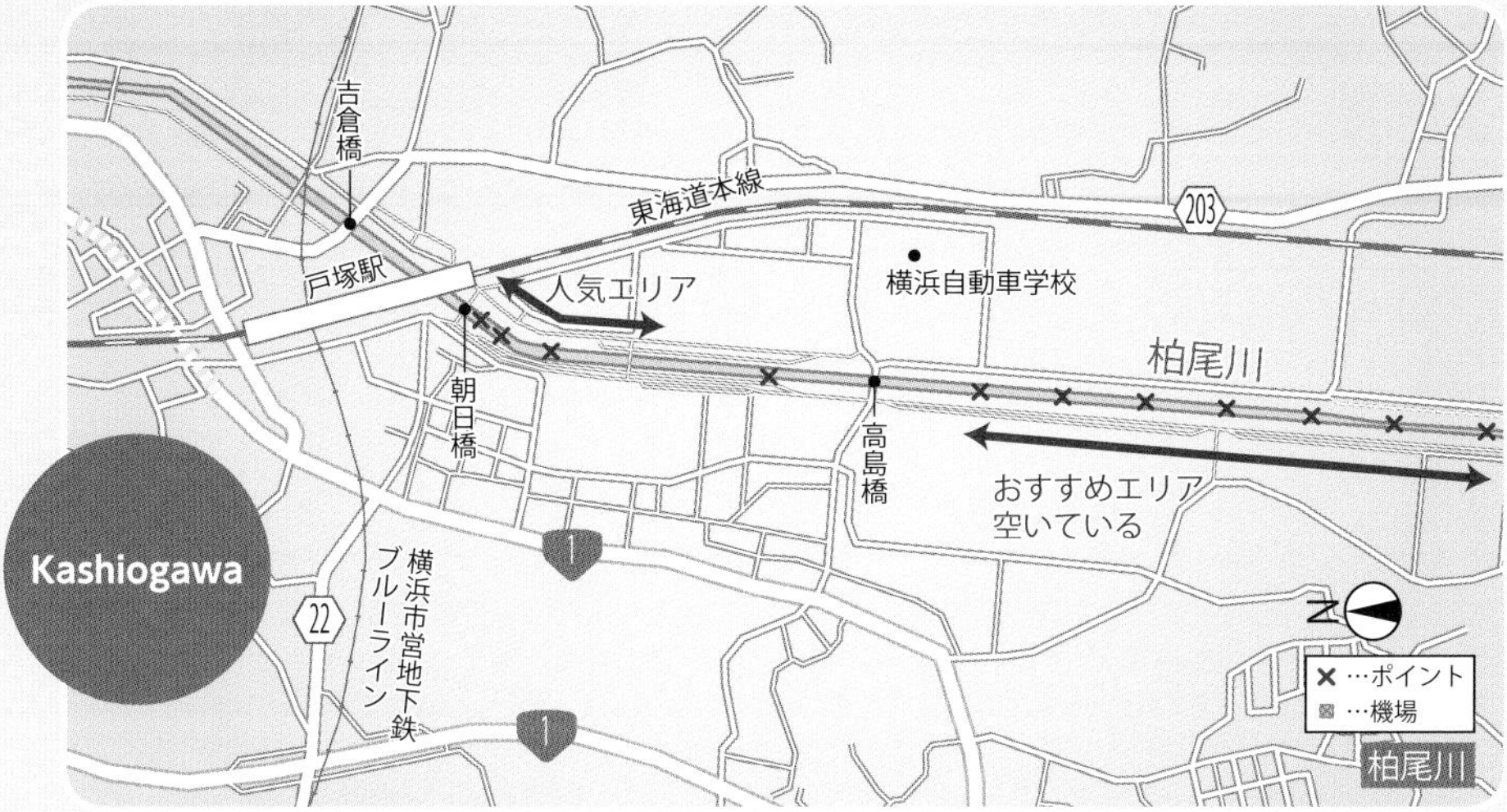

戸塚駅下流の流れ

高島橋下流は
空いていて
おすすめ

婚姻色の出たオス

チチブ

ボラの子どもも出た

神奈川県藤沢市

引地川

テナガエビ・ハゼ

他の魚種

ダボハゼ・ブルーギル

往年のフナ釣り場が大変身

神奈川県藤沢市を流れる引地川に架かる富士見橋、太平橋周辺はかつては有名なマブナ釣り場であった。現在の引地川は、マブナは減少してテナガエビ・ハゼ釣り場としての知名度のほうが高い。高い護岸とフェンスで覆われているが、長久保緑橋（人道橋）下流、八部公園前、日の出橋下流の3ヵ所の左岸側は水辺に降りることができる。

テナガエビは5月下旬から7月上旬にかけて、長久保緑橋下流と八部公園前の親水護岸で楽しめる。護岸下にはブロックが点在し、ゴロタ場にもなっていて好ポイントを形成している。潮の干満の影響を受けるので、潮が動く時間帯にねらうとよい。満潮時は護岸まで水位が上がってくるが、あまり水位が高いと少し釣りづらい。上げ潮時なら3分から7分、下げ潮時なら7分から3分の、少しブロックやゴロタ石が見えていて水位が低いほうがテナガエビを確認出来るのでねらいやすい。

2～2・4ｍの小ものザオに玉ウキまたはシモリ仕掛け。浮力はオモリが勝るように調節しておく。エサは赤虫で基本的にブロックの隙間をねらう。テナガエビがいればウキがゆっくり移動していくはず。ダボハゼやブルーギルの外道も多い。15～20尾釣れることもあれば型を見るのがやっとの日もある。2022年6月下旬はまずまずの釣果も7月上旬はさっぱりであった。

ハゼねらいは8月から10月がよい。長久保緑橋下流、八部公園前、日の出橋下流の親水護岸で、3・6～4・5ｍ渓流ザオのミャク釣りでねらう。ミチイト1号に中通しオモリ0・5号を通して自動ハリス止を結び、ハリはハゼライト5～6号、ハリス5～7㎝。化織目印を7～10個結ぶと目印でもアタリが取れて便利だ。エサはアオイソメ。上げ6分～下げ4分がねらいめだ。ミチイトを張って待ち、コツッとアタリがあれば合わせてみよう。数はそれほど出ないが、湘南の貴重なハゼ釣り場を楽しんでもらえれば幸いだ。

ACCESS

電車

小田急江ノ島線本鵠沼駅または鵠沼海岸駅下車。徒歩10分ほどで引地川に出る。

長久保緑橋から下流側を望む

潮が動く時間に
数を延ばしたい

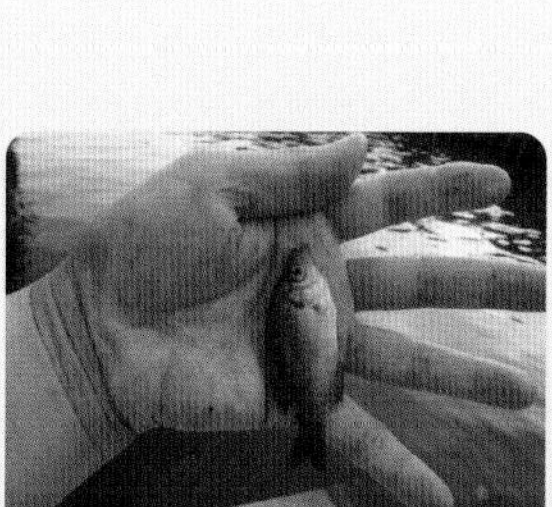

外道のブルーギル

長久保緑橋下流のポイント

Column 2

和の釣り道具
我ながらビックリです

寒山のマブナザオですっかり和ザオの魅力に取り憑《つ》かれた僕は、その後もお小遣いをコツコツと貯めて和ザオを購入していきます。貯めるといってもたかが知れているので高価な和ザオは買えません。

その和ザオ熱に拍車をかけたのが、フリーライター・葛島一美さんの著作『平成の竹竿職人』。この本の影響は大きかったです。もう毎日眺めていました。そして、

「この和ザオが欲しいな〜」

「この親方のサオはどんな調子なのかな？」

と、妄想が広がって止まりません。まんまと底なしの和ザオの魅力に引き込まれたわけです。

あれから四半世紀が過ぎ、気がつけばたくさんの和ザオに囲まれていました。自分で買ったものばかりではなく、先輩方から頂いた物や、譲って頂いた物も多数あります。先日数えてみたところ、ハゼザオ 33 本、マブナザオ 26 本、小ブナザオ 15 本、タナゴザオ 4 本、ヤマベザオ 2 本、キスザオ 2 本、陸っぱり用のハゼザオ 1 本、合計 83 本でした。

我ながらちょっとビックリですが、どの和ザオも大切に使っていこうと思います。

まだまだ増えるかな〜（笑）。

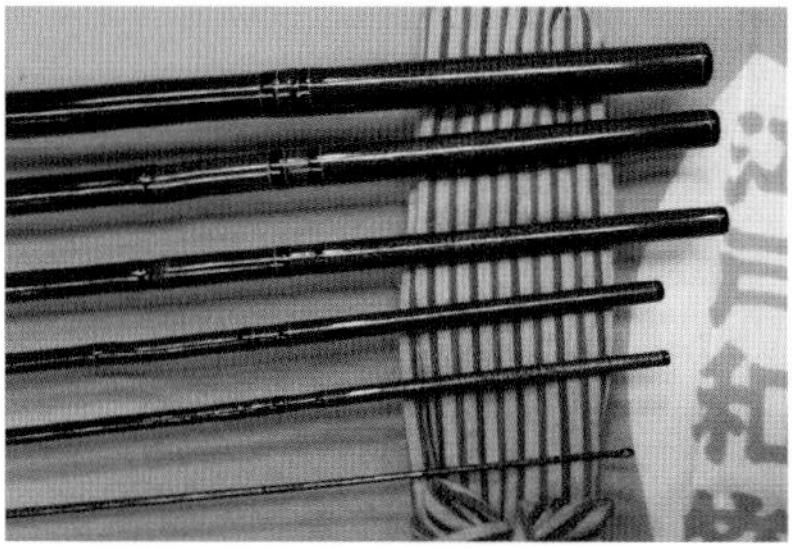

（上・下）宝物の 6 代目東作マブナザオ。塗りがキレイなんです！

秋の釣り場

空が青く高さを増してくるにしたがい、
すくすくと育ったハゼとヤマベが
小気味よくサオを曲げてくれる。
かわいい小ブナたちとの語らいもまた楽しい。

茨城県行方市

繁昌のホソ

小ブナ

他の魚種
コイ

シーズン 8月〜10月

茨城県北浦の繁昌《はんじょう》のホソは、山田川最下流から山田ワンド右岸にかけて展開している湖岸のホソで、以前から小ブナ釣り場として知られた場所である。

駐車スペースも広々としていて、簡易トイレや東屋がある。

全体に50〜70㎝とやや水深があるホソなので、初秋よりも晩秋寄りの釣り場である。水温が高い初秋はホソの上層や中層に浮いているケースが多い。水温が下がってくる頃になると底付近に小ブナが落ちてくるので釣りやすくなる。

平均サイズは10㎝前後の〝少しお兄ちゃん〟

ねらう場所は水路の合流点、機場周辺、そして山田川最下流周辺だ。最下流周辺はボサがあるのでその周辺に小ブナが付く。

遅ジモリバランスに調節した数珠《じゅず》シモリ仕掛けで、ゆっくりとエサの赤虫を落して小ブナにアピールする。サオは小ブナザオもしくは小ものザオ2・4〜2・7m。

晩秋ともなるとアタリもすぐ出ないことが多くなってくる。だからといって仕掛けを入れてそのままにするのではなく、15〜20秒待って当たらなければ少し仕掛けを動かしたり上下させたりと誘いをかけることが重要。とにかく丹念に探ることがキモになってくる。

繁昌のホソの小ブナはすごくたくさんいるというわけではないが、10㎝クラスの少しお兄ちゃん小ブナが多い。水深も相まって、小ブナといえどもなかなかの引き味だ。

2022年秋は9月上旬と10月中旬に釣行した。9月上旬は水面下にたくさん小ブナが群れていたが、中層にいた小ブナが少し釣れただけであった。10月中旬は先輩、友人と同行し、30分ほど山田川最下流付近を探って6〜7尾。

じっくりと広く探れば数も伸びるだろう。大型のコイも多いので気をつけてほしい。

ACCESS

クルマ

常磐自動車道・土浦北ICを降りR354を霞ヶ浦大橋方面に向かい霞ヶ浦大橋を渡ってさらに直進して北浦の鹿行大橋を目差す。その手前、小船津十字路を右折して県道2号・水戸鉾田佐原線に入り潮来市方面へ南下。山田川に架かる山田橋手前を左折して下流に走り、最下流に架かるほうらい橋を渡って繁昌のホソへ。

ホソといっても水深は 50 ～ 70cm ある

小ブナは 10cm クラスが多い

こちらはクチボソ

短ザオで静かにねらう

茨城県行方市

渚のホソ

小ブナ

他の魚種

クチボソ・モロコ・コイ・テナガエビ

茨城県の北浦には湖岸のホソに有望な小ブナ釣り場がたくさんある。雁通《がんずう》川の吐き出し右岸に展開している渚のホソも秋の小ブナの好釣り場だ。蓮池第一樋門の裏にある機場の両サイドを中心にポイントがある。

機場周辺は小ブナが溜まるポイントで数が釣れる。そのほか水路の合流点もよい。底に起伏があるので、小ブナが付いている場所が深くなっている所なのか、それともそのカケアガリなのかをしっかり探り当てることが数を伸ばすコツだ。平場でもポツポツは釣れるけれど、機場の周辺や水路の合流点等の明確なポイントのほうが数がまとまるはずだ。ホソの幅は1mほどで水深は20〜40㎝といったところ。

2・1〜2・4mの小ブナザオもしくは小ものザオに羽根ウキを10個通した遅ジモリバランスの数珠シモリ仕掛けに、ハリは袖1号（ハリス5㎝）の2本バリイッテコイ式（141頁仕掛け図参照）。エサは赤虫。

釣期は9〜10月。この時期の小ブナは活性が高いのでアタリが出るのが早い。僕のイメージではオモリが底にトンッと着いてからアタリが出るまでは5秒くらいと考えている。待っても10秒までで、そこでアタリが出なければ基本的に振り込み直す。

アタリが出るのを待つのではなく、どんどん探ってアタリが出て小ブナが釣れるポイントを見つけ出そう。首尾よく数がまとまるポイントに当たればしめたもの。

外道も多彩でにぎやか

2022年9月、本宿と平須のホソで小ブナの数釣りを堪能した後、午後2時から3時30分までの1時間半を渚のホソで釣りをした。蓮池第一樋門裏の機場左側から探り、釣れるが散発だったので機場右側に移動するとこれが正解。水路合流点の手前へチ寄りのカケアガリが溜まり場になっていた。小ブナ35尾にクチボソ・モロコは多数。テナガエビや尺ゴイと外道も多種多彩で楽しい釣り場である。

ACCESS

クルマ

クルマが便利。東関東自動車道・潮来ICを降り、県道101号、R51経由で延方交差点を左折して県道188号・大賀延方線から県道187号・八幡潮来線に入り矢幡地区で湖岸方面に入る。

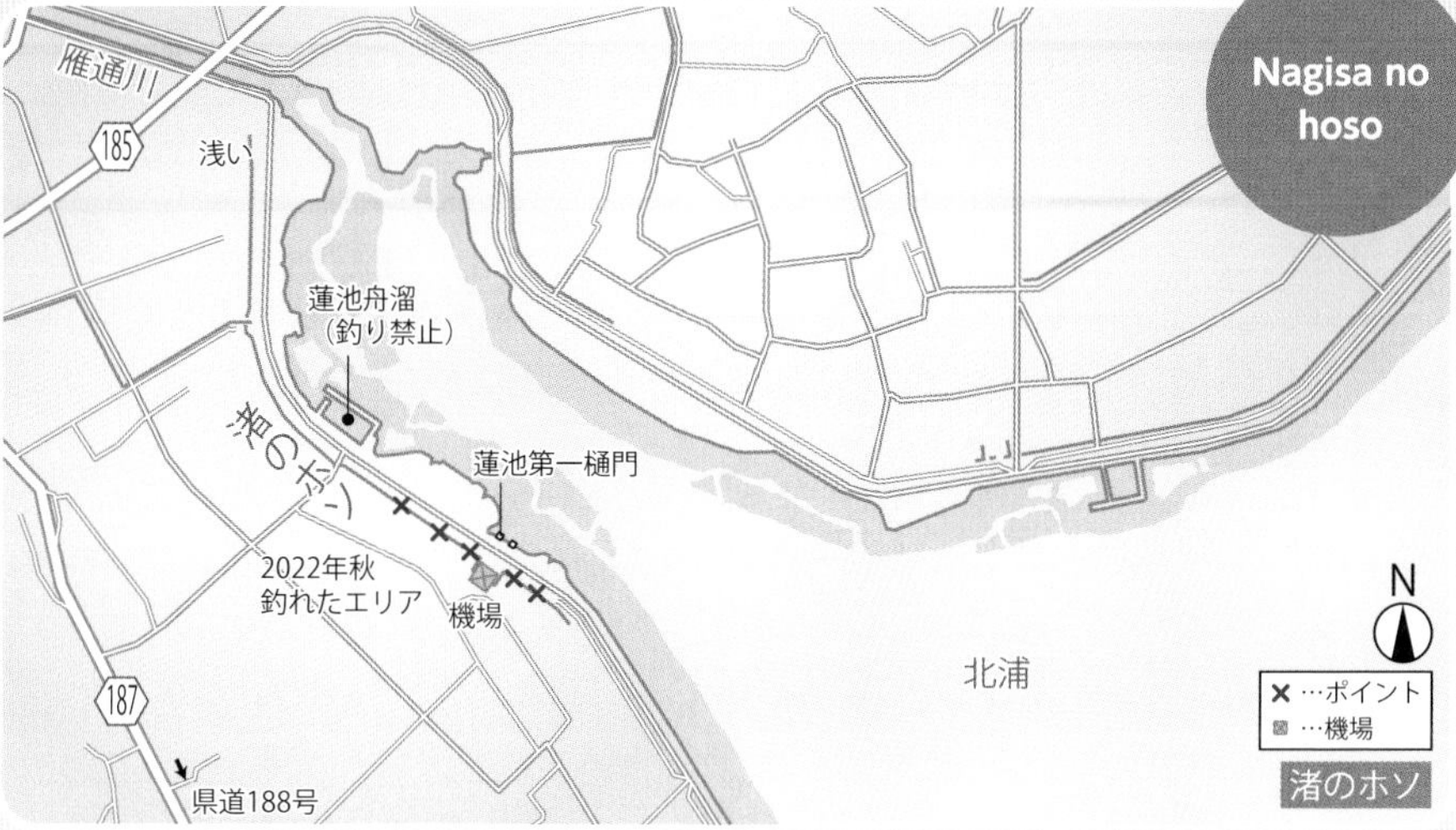

渚のホソ、ハス田と土手に挟まれた辺り

どんどん探って
数を伸ばそう

機場と右側の流れ

機場左側の流れ

茨城県かすみがうら市

牛渡のホソ

小ブナ

他の魚種
コイ

シーズン
8月〜10月

茨城県かすみがうら市牛渡《うしわた》の霞ヶ浦湖岸に沿って延びる牛渡のホソは、霞ヶ浦揚水機場からおおむね牛渡舟溜（地図外西側。釣り禁止）までの幅1mほどのホソである。

　全体的に浅いホソではあるが、秋の小ブナ釣りを存分に楽しめる釣り場として昔から定評がある。

　2023年現在一番のおススメポイントは、霞ヶ浦揚排水機場から牛渡漁港にかけてで小ブナの魚影が多い。特に出島揚水機場寄りはクランクあり、排水パイプあり、小橋ありと小ブナが溜まる好ポイントが連続する。

小ブナが溜まる好ポイントが連続

　水深は20〜30㎝と浅いが、赤虫エサのイッテコイ式数珠シモリ仕掛けでねらえば攻略できる。サオは、小ブナザオ7尺か2m前後の小ものザオを使用する。ハリは袖1号ハリス5㎝。

　2022年秋の小ブナ釣りは今までの2本バリ仕掛けではなく、小ブナが掛かった時の仕掛け絡み（手前マツリ）を軽減したくてイッテコイ式2本バリ仕掛けを実験的に使用してみた。

　小ブナ釣りでは上バリに小ブナやジャミが掛かると、どうしても手前マツリが多発してしまう。イッテコイ式は先人の大先輩方が考案した手前マツリを軽減させる仕掛けで、新作小ブナ仕掛けを作ってみたところ、なかなかいい感じで仕上がり、イライラの元となる手前マツリがかなり減少した。

　2022年初秋に牛渡のホソで釣りをした。機場のあるクランクと小橋周辺を重点的にねらい、1時間で33尾の小ブナが釣れ、大変面白かった。ホソの底は起伏があり、カケアガリでよく当たった。

　また、排水パイプの下も好ポイントであるが大ゴイもいるので気をつけてほしい。僕はこの日2回も大ゴイが掛かってしまった。

　参考までに、現在ではなくなってしまったが、旧大もの釣り堀前でもよい釣りをしたことがある。

　牛渡のホソもまだまだ面白い！

ACCESS

クルマ

クルマが便利。常磐自動車道・土浦北ICを降り、R125、354を進み手野町南交差点を右折して県道118号石岡田伏土浦線に入る。牛渡郵便局を目標にするとよい。

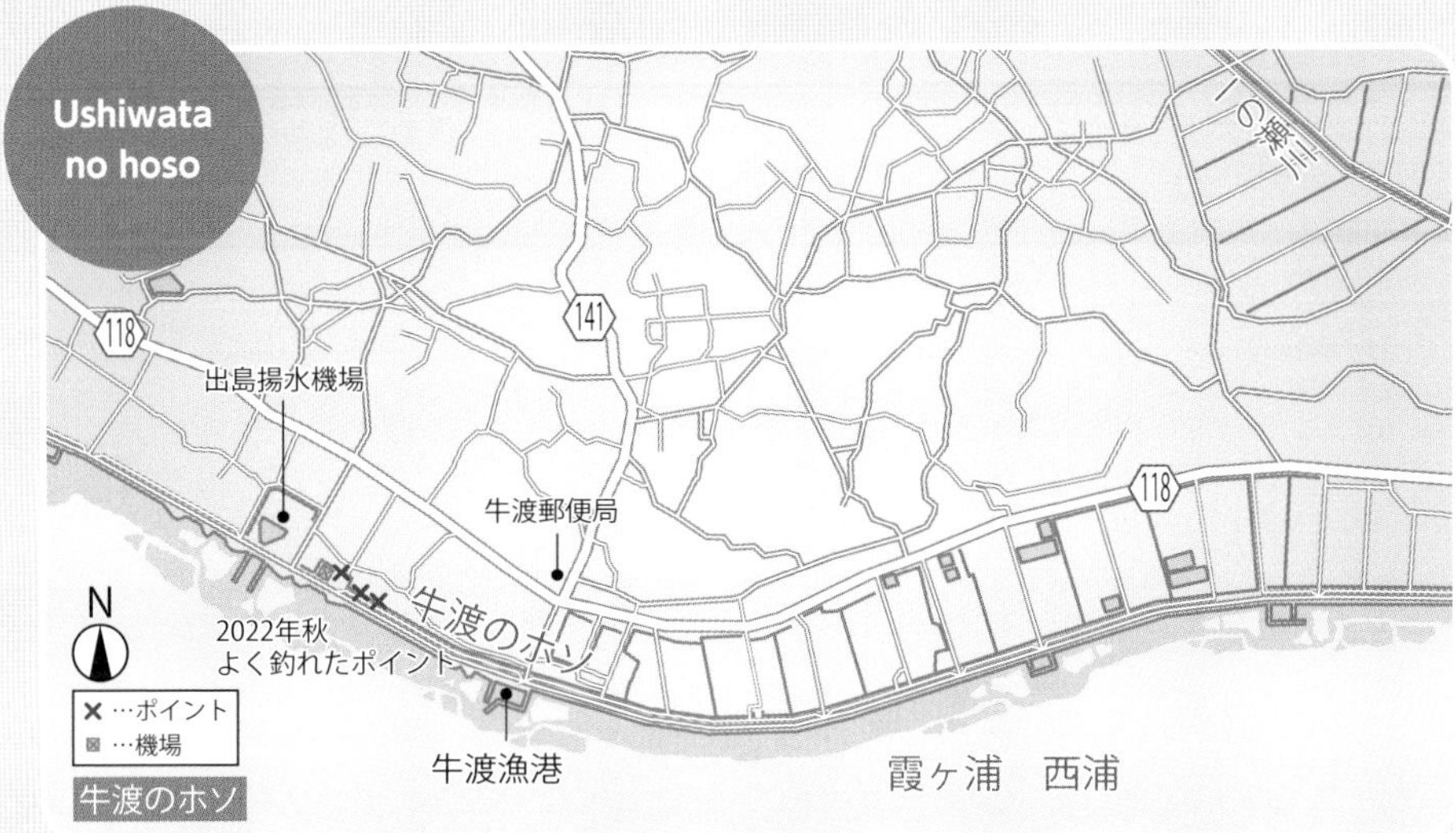

幅１mほどのホソ

このサイズが中心

機場付近

クランクと橋下のポイント

１時間の釣果

茨城県かすみがうら市

平川のホソ

小ブナ

他の魚種
ヤマベ・コイ

シーズン 8月～10月

茨城県霞ヶ浦には湖岸のホソがたくさんある。好ポイントが多い西浦北岸で人気釣り場の戸崎のホソと崎浜のホソに挟まれた場所が平《ひら》川のホソである。

北岸は実績の高いホソが豊富で、車では通り過ぎてしまうことが多いかもしれない。僕は春と秋にときどきチェックしているが、平川のホソは秋には小ブナの魚影がとても多い。

釣り場は平尻機場を中心に左側のホソと右側のホソに分かれる。

左側のホソは、ホテイアオイ等の水草に覆われ、水深も非常に浅い所が多い。しかしその浅い流れを目を凝らして見ると、小ブナの魚影が非常に多いことが分かる。そして、水草が隠れ家となっている。

水深20～30㎝あれば釣り可能

ぱっと見には浅くて釣りにならないと思われるかもしれないが、水深が20～30㎝あれば充分釣りになる。

平川のホソは浅くても起伏があるので小深い場所がある。このような所は小ブナが溜まる好ポイントになる。

小深いといっても20～30㎝なので場荒れも早く、終始入れ食いとはいかないが、ある程度の数はまとまるので、このようなポイントを探り歩いて広い釣りをする。

平尻機場右側のホソは水深50㎝ほどあってよさそうな雰囲気であるが、水深があるぶん小ブナは散っていて数はまとまらなかった。ただ、ヤマベ等の外道は多く釣れてきた。

こうしたポイントを攻略するには数珠シモリ仕掛けが真骨頂を発揮する。

サオは7尺の小ブナザオもしくは2m前後の小ものザオがよい。使用するハリは袖1号ハリス5㎝。エサは赤虫のチョン掛け。

2022年の釣りでは時速25尾のペースだった。機場左側の浅いほうが圧倒的に食いがよかった。

なお、浅くても大型のコイがかなりいるので注意してほしい。

ACCESS

クルマ

常磐自動車道・土浦北ICを降りR125 Rから354経由で手野町南交差点を右折して県道118号に入る。川尻川を渡ってすぐ右折して川尻川沿いに湖岸へ向かい平川のホソへ。

平川のホソ。全体に浅いが水深 20 ～ 30cm あれば釣りになる

機場左側

ポイント一例

1 時間
の釣果

ボサのすき間を釣っていく

茨城県稲敷市

新利根川

オオタナゴ

他の小ものと合わせてアタリが多く飽きない

茨城県稲敷市幸田を流れる新利根川はブラックバスねらいの釣り人が多いが、岸から釣るオオタナゴもなかなか面白い。オオタナゴはもちろん、クチボソ・モロコ等の小ものも魚影が多く、常にアタリがあって飽きることがない。

幸田橋から幸田新堀の水門までの間の左岸側は、所々川岸の護岸に降りられるので足場もよく手軽に釣りを楽しめる。特に水門周りは好ポイントだ。

渓流ザオ3〜3・6mにミチイト0・6〜0・8号、ハエウキまたはトウガラシウキの立ちウキ仕掛け。ハリは秋田キツネ1〜2号。ハリス0・4号10cm。エサは赤虫。

オオタナゴの遊泳層は底付近なので、消しゴム等でしっかり底を取ってから釣ることが大切だ。面倒くさがらず、必ず底を取ってからタナを合わせよう。

赤虫はチョン掛けで装餌する。オオタナゴの魚影が多く、いきなり釣れることもある。

ジャミが多く外道ばかりのときは、投入点をいろいろと変えてみるとよいだろう。必ずオオタナゴが釣れてくるはず。オオタナゴは群れで移動しているから、1尾釣れたらバタバタッと釣れてピタリと止まるパターンだ。

アタリは、ウキがスーッと引き込まれるのは意外とジャミが多い。オオタナゴの場合、ウキがモゾモゾと小さく動いたり、チクッと小さく入ったりするものが多かった。なんか変だな？と感じたら合わせてみるとよい。

2022年10月30日、13時から16時までの3時間釣りをした。バタバタと釣れてはピタリと止まるパターンで、2人で40尾弱の釣果だった。クチボソ・モロコはかなり釣った。

秋のオオタナゴ釣りもなかなか乙なものですよ！

ACCESS

クルマ

クルマが便利。圏央道・神崎ICを降りR356利根水郷ラインを右折。神崎大橋際交差点を左折して神崎大橋を渡る。道なりに行くと新利根川に架かる幸田橋があるので渡って右折して釣り場へ。土手道に駐車するので迷惑にならないように気をつけること。

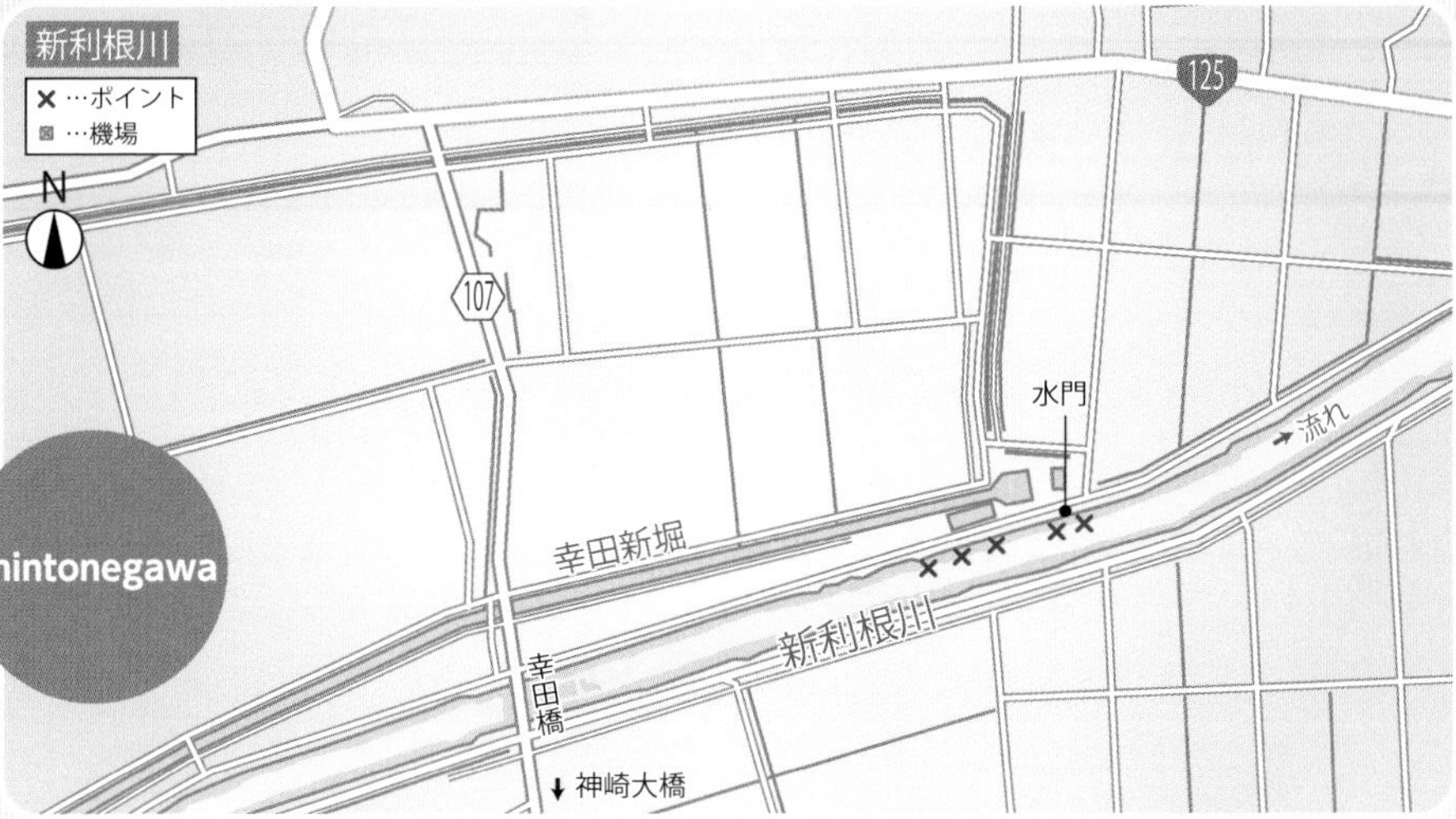

水門上流

オオタナゴは底をしっかりと意識して釣ることが大切

幸田新堀の吐き出し水門

クチボソ（左）やモロコ（右）の魚影も多い

千葉県流山市

流山のホソ

小ブナ

他の魚種
クチボソ・モロコ・コイ・ヤマベ

シーズン
8月下旬〜10月

インターチェンジ至近の小もの釣り場

千葉県流山市、常磐自動車道・流山IC周辺の田園地帯に展開する農業排水路が流山のホソ。都心から近く、料金所のすぐ隣の魅力的な釣り場だ。4月中旬に通水され、4月下旬から5月にかけてマブナが産卵し、そのとき生まれた小ブナが秋に釣れる。小ブナの釣期は8月下旬から10月いっぱい。

　釣り場は料金所や流山市クリーンセンター周辺の実績が高いが、料金所周辺は水深があるので、僕は流山市クリーンセンター周辺をおすすめする。水深は浅いが小ブナの魚影は非常に多く、ここ数年安定して釣れている。

　水路の幅は3mほどで、農閑期は水も少なく、所々にある深みがポイントになる。排水口の下や縦ホソの合流点が目安だが、モロコ・クチボソの溜まり場になっていることも多い。仕掛けを入れてジャミばかりだったら投入ポイントをちょっとずらしてみよう。小ブナは排水口下などの一番深い場所よりは、深い場所に続くカケアガリにいることが多い。そのほか、水中のボサ周りや平場でも小ブナのヒラ打ちがある場所をねらいたい。流山のホソは足で探り歩き宝の山を見つけよう。

　仕掛けは2・4mの小ブナもしくはマブナザオにミチイト0・4号をサオいっぱいに取り、小さくカットした羽根ウキを10個通したイッテコイ仕掛け。ハリは袖1号ハリス5㎝。エサは赤虫のチョン掛け。バランスはガン玉5～6号で仕掛け全体がゆっくりと沈んでいく遅ジモリバランスに整える。

　小ブナのサイズは5～10㎝が主体で小ゴイも混じる。排水口や田んぼからの水の落とし口で流れがあるような場所では15㎝級のヤマベも釣れる。

　2022年は9月中旬と下旬に釣行した。中旬が1時間22尾、下旬は3時間で52尾の小ブナが釣れた。どちらも雨後、雨中で、雨の後は流山のホソは絶好のねらい場となる。

　東京近郊の貴重な小ブナ釣り場は今もなお健在である。

ACCESS

クルマ

常磐自動車道・流山ICを降り、料金所周辺が釣り場。電車は東武アーバンパークラインまたはつくばエクスプレス・流山おおたかの森駅よりクリーンセンター行バスで終点下車。

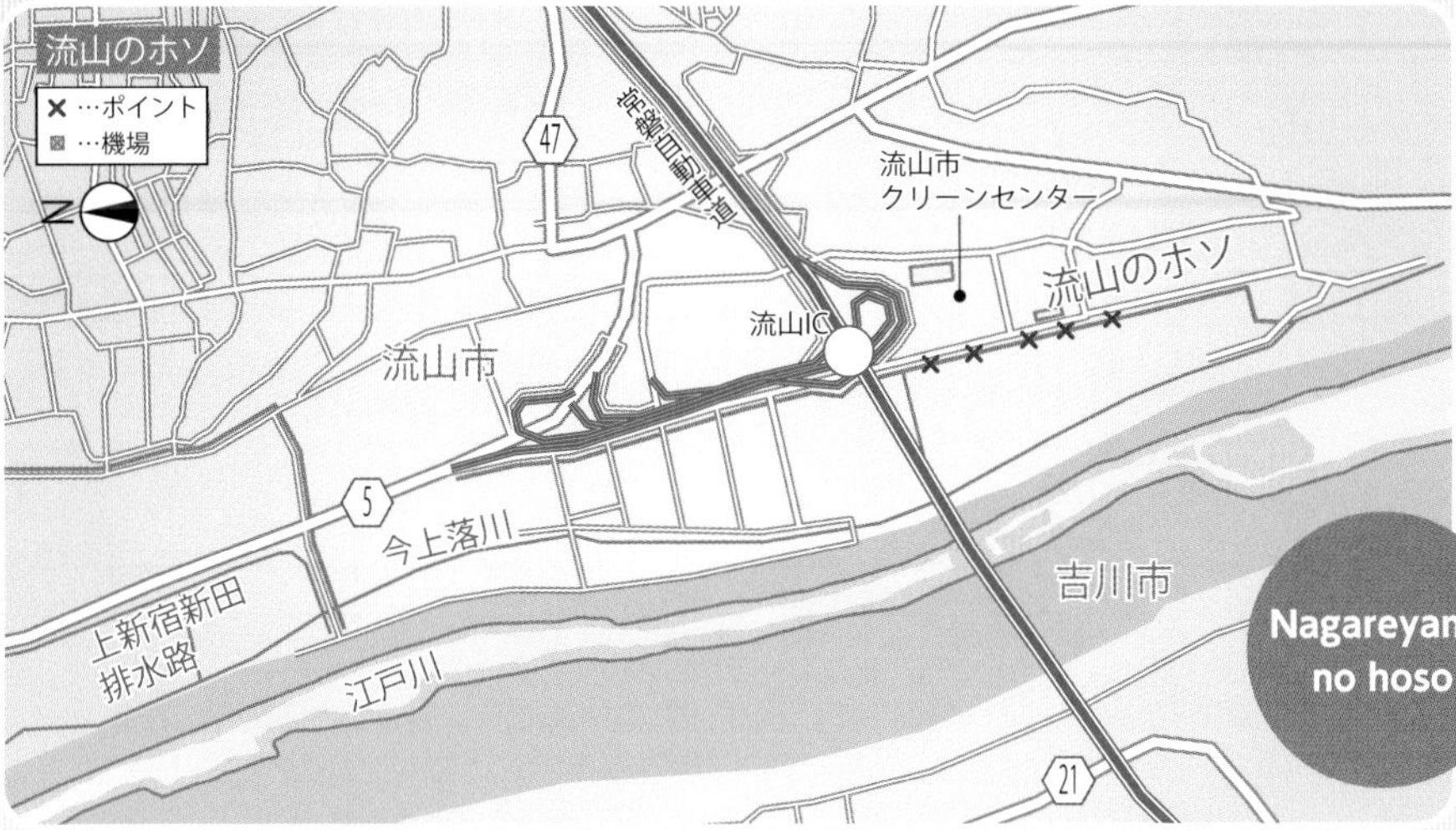

クリーンセンター下流

クリーンセンター前

料金所前辺り

排水口絡みのポイント

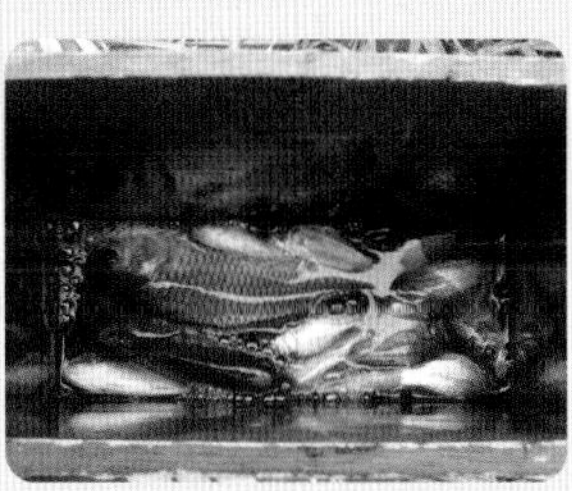

小ブナ釣果

ヤマベも混じる

埼玉県幸手市

大島新田調整池

小ブナ・小ゴイ・クチボソ

他の魚種
ヘラブナ・ブルーギル・ブラックバス・ライギョ

埼玉県幸手市と北葛飾郡にまたがる大島新田調整池は、倉松川の氾濫回避目的で造られた遊水地兼調整池だ。ひょうたん型でけっこう広く、マブナ・ヘラブナ・ブラックバス・ライギョ・クチボソ・ブルーギル等が生息し、ヘラブナやルアー釣りの人が多い。

あちらこちらで魚がもじっていることからも魚影は多い。ヘラブナスタイルのフナ釣りもよく釣れているので面白そうだが、小もの釣りファンとしては小ブナ・小ゴイ・クチボソ等の釣りをおすすめしたい。2m前後の短い小ものザオにグルテン等の練りエサで手軽に面白い釣りができる。

シシャモのようにジャンボなクチボソ！

水路が流入・排出する場所の周辺は護岸化され、足場もよく安全に釣りが出来る。護岸された場所にこだわらなければ釣り座はかなり広い。

大島新田調整池での釣りは秋がよい。暑い夏が終わって水温も落ち着いた10～11月がねらいめだ。

仕掛けは小型親ウキの下に羽根ウキを5個付けた連動シモリ仕掛けがよい。親ウキが水面下で止まるゼロバランスに調節しておくとよくアタリが出る。

タナは底付近で、消しゴム等を使用してウキ下をきちんと調節することが重要だ。小ものねらいで主に釣れるのはクチボソで、小ブナ・小ゴイ・ブルーギルが混じる。なんだクチボソかと思われるかもしれないが、大島新田調整池のクチボソは大きい！ 10㎝近いシシャモのようなサイズだから釣っても面白い。

釣り始めはエサを空打ちして魚を集めるとよい。10回ほど空打ちしてから釣ると少しは魚が寄ってくるはずだ。

アタリは水面下の親ウキがツッと引き込まれる。小さいアタリが多いのでウキの動きを注視しておこう。

2022年11月6日。大島新田川（水なし）が流入する護岸で2時間釣りをした。10㎝級のクチボソ多数と小ブナ・小ゴイ・ブルーギルが混じる賑やかな釣りであった。

ACCESS

クルマ

東武伊勢崎線東武動物公園駅下車。東口より境車庫行朝日バスで沼下車。

Oshima-shinden choseiike

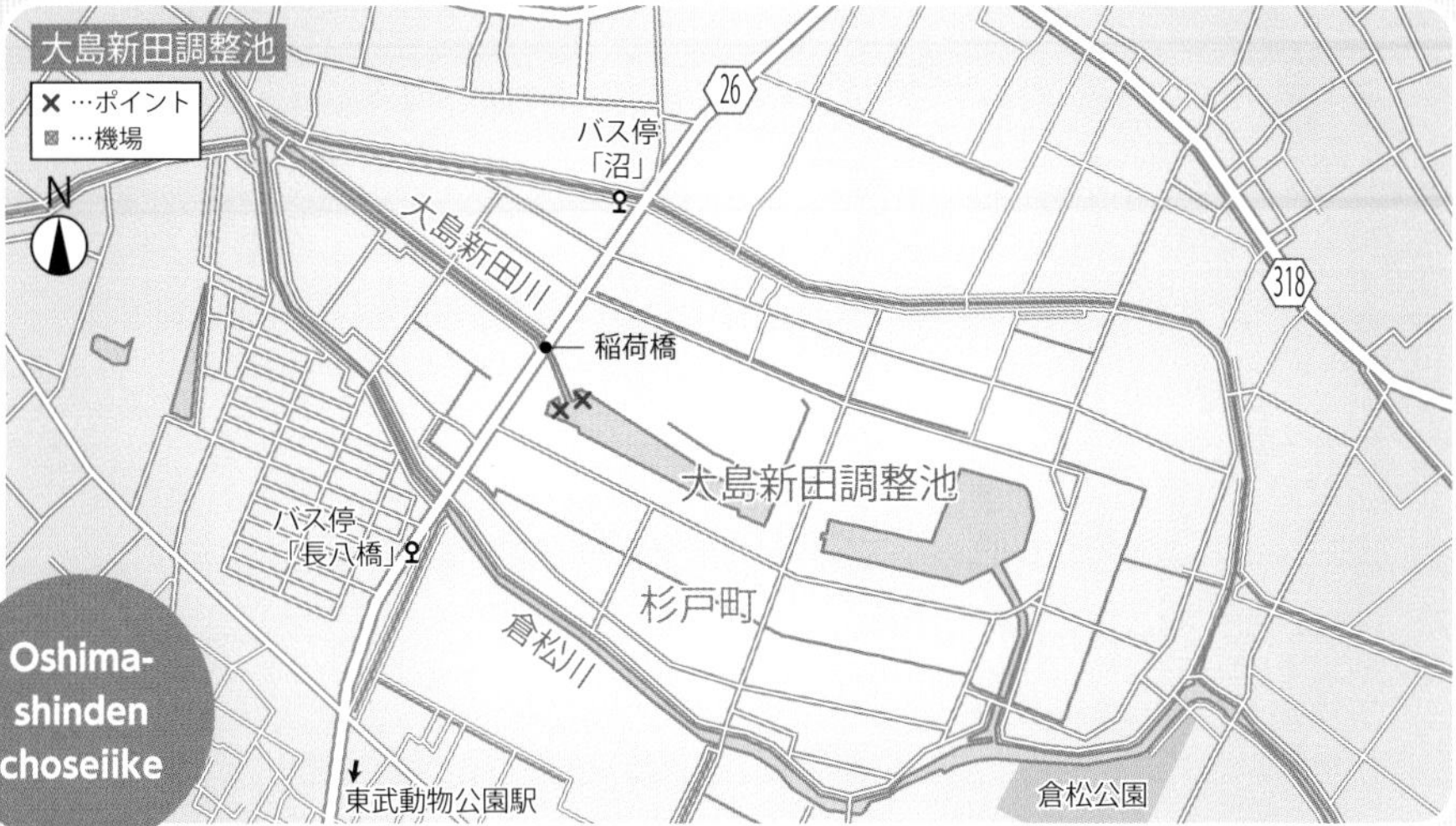

大島新田調整池全景

小ブナ

良型のクチボソ

当日の釣り座

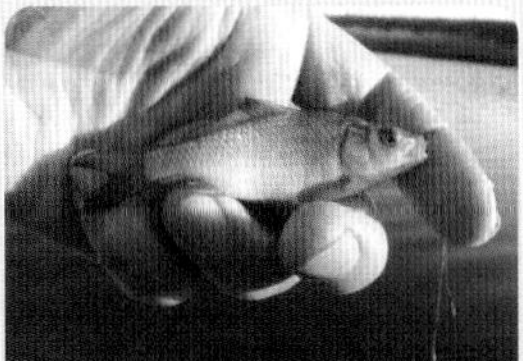
小ゴイ

千葉県横芝光町

栗山川

ハゼ

他の魚種
チンチン・コトヒキ

シーズン
9月〜
10月

千葉県山武郡横芝光町を流れる栗山川は九十九里海岸に注ぎ、秋はハゼねらいの人で賑わう。20㎝を超える型が出るので人気なのもうなずける。

屋形橋周辺から河口一帯と栗山川漁港内に釣り人が多い。リールザオの置きザオスタイルの人がほとんどだが、20㎝級のジャンボハゼを4・5ｍ渓流ザオで釣ると強烈な引きを堪能できる。ぜひチャレンジしていただきたい。

屋形橋周辺から河口にかけて左岸側の足場がよい。栗山川の右岸側は潮が満ちて来ると護岸が水没するためか人が少ない。しかし干潮時は水没せず、このタイミングをねらうと比較的自由に探り歩けて釣果がアップするのだ。

20㎝サイズも飛び出す！

4・5ｍザオにミチイト1号もしくはPEライン0・6号をサオいっぱいに取り、0・5号の中通しオモリを通して自動ハリス止を結ぶ。ハリは袖6号かハゼライト6号ハリス10㎝。ミチイトに渓流用の化繊目印を7〜10個付けておくととても便利だ。

エサはアオイソメを2〜2・5㎝にカットし、房掛けでボリュームを出すとハゼにアピールして食いがよい。

釣り方は、仕掛けを沖めいっぱいに振り込んで軽くイトを張って待つ。早い時はすぐにコンッやコツッと手に伝わる。アタリがなければ手前まで軽く合わせながら引いてくる。ごく手前へチでも食うので気を抜かないように！

海が近いので風が強く吹くこともある。その時は手感でアタリを取りづらくなるので張っていたイトを少したるませて目印でアタリを取るとよい。目印がスッスッと入ったりスーッと引き込まれたりするのがアタリなので、ここで合わせる。

２０２２年10月23日、久しぶりに栗山川に釣行した。屋形橋下流右岸を4・5ｍザオで釣ったところ、2時間で15〜20㎝のジャンボハゼを20尾。充分に良型の強い引きを堪能した。

栗山川のハゼ釣りは楽しいですよ〜。

ACCESS

クルマ

銚子連絡道路・横芝光ICを降り右折してスクールラインを直進する。県道30号九十九里ビーチラインを右折すると屋形橋。

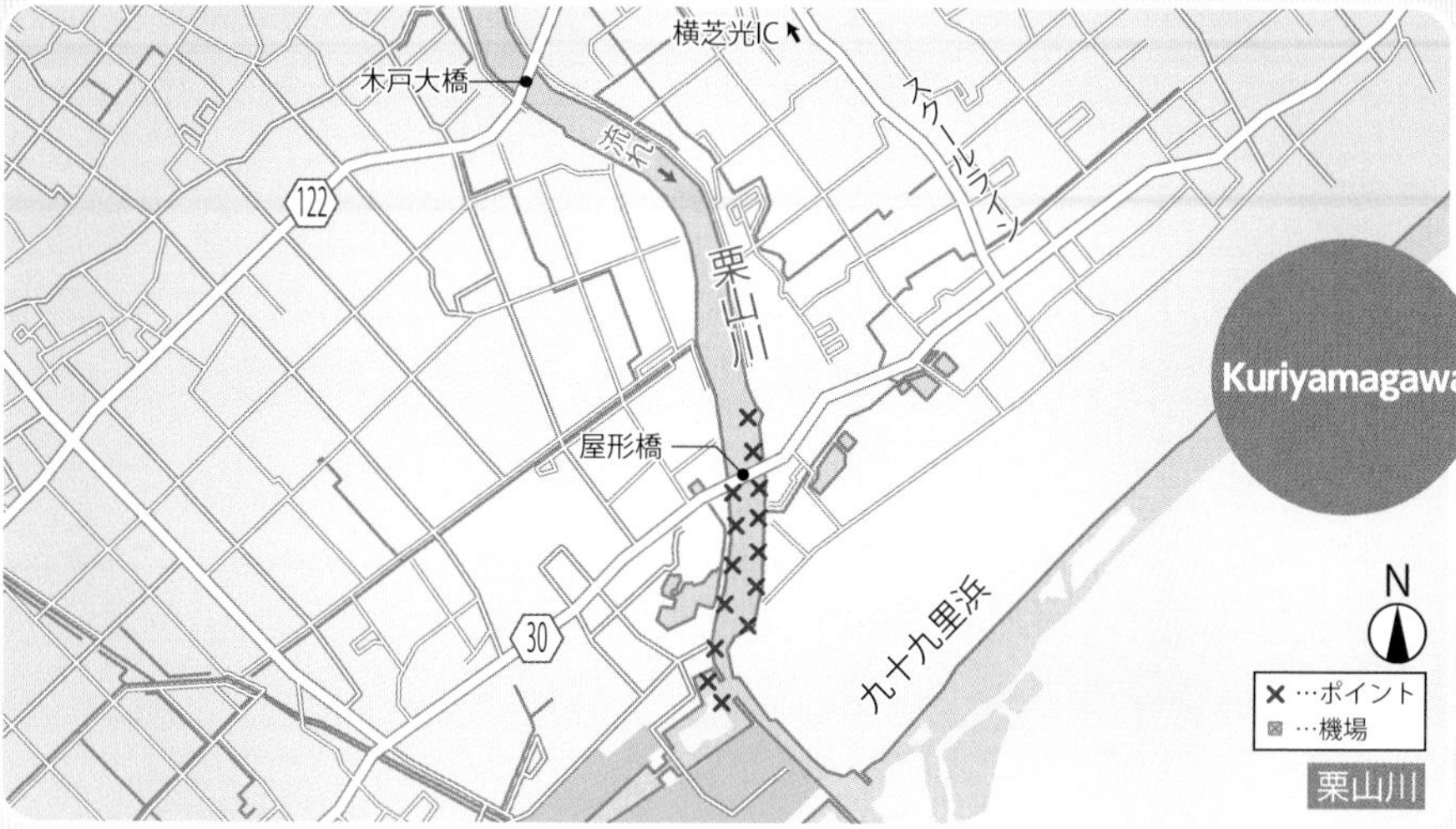

屋形橋下流右岸の干潮時

横綱級の
20cm ハゼ

潮が満ちてくると護岸の上まで水がくる

漁港

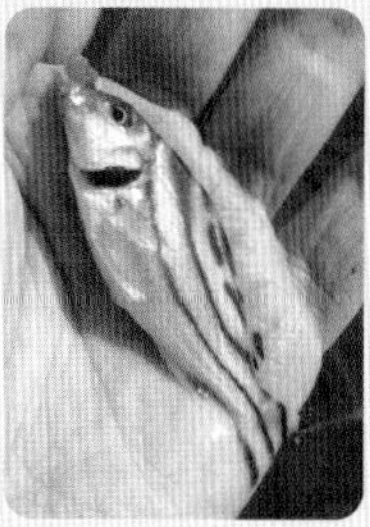
外道のコトヒキ

千葉県九十九里町

作田川

ハゼ

他の魚種

セイゴ

晩夏から秋にかけて九十九里のハゼが面白い。特に千葉県山武郡九十九里町を流れる作田川のハゼはでかくて2015年頃まで毎年通ったものだ。

現在の作田川は津波・大雨対策のため九十九里橋より下流に防潮堤が建設された。また、九十九里橋上流右岸に流れ込む浜川も好ポイントだったが、水門が設置され遮断されてしまった。水の往来がなければ期待薄だろう。

九十九里橋上流は変わらず健在で、多くの人がハゼをねらっていた。現在はここがメインポイントと考えてよい。

ジャンボサイズに合わせてエサも大きく

釣り場は広く充分探ることも可能である。1つ好ポイントを挙げるなら浜川の水門周りで、水深に変化がありハゼの付き場になっている。ここは以前から人気で釣り人が絶えない。2022年10月も入れ掛かりであった。

僕は九十九里橋上流の右岸側が好きで、2011年には平場でジャンボハゼの入れ掛かりも体験している。あの興奮は今も鮮明に覚えている。

タックルは4・5m渓流ザオにミチイト1号かPEライン0・6号をサオいっぱいに取り、中通しオモリ0・5号を通して自動ハリス止を結ぶ。ハリは袖バリ6号またはハゼライト6号。ハリスは通常夏ハゼでは短くするが、ジャンボハゼに合わせて10㎝と長めにとる。ミチイトには渓流用化繊目印を7〜10個付ける。エサはアオイソメで大きく見せる。タラシを長く出すのではなく(多少はOK)、2㎝ほどにカットしたアオイソメを2つ付けてハゼにエサをアピールするのが大切だ。

ハゼが接岸してくる上げ潮時が一番よい。上げ5分〜下げ7分が釣りやすく理想だ。型が大きくてもアタリはミャク釣りでは、やはりコツンとかコンッで、目印がスッと動く小さなアタリがとれると釣果も上がる。

多くの人が投げ釣りでねらうが、渓流ザオで効率よく探るほうが数は延びるし、大型とのやり取りもたまらなく楽しい。病みつきになりますよ!

ACCESS

クルマ

九十九里有料道路・終点片貝出口を左折して県道25号を進みすぐに片貝海岸入口交差点を右折して県道30号に入る。1.2km先の交差点を左折。片貝漁港入口交差点を右折すると九十九里橋。

Sakutagawa

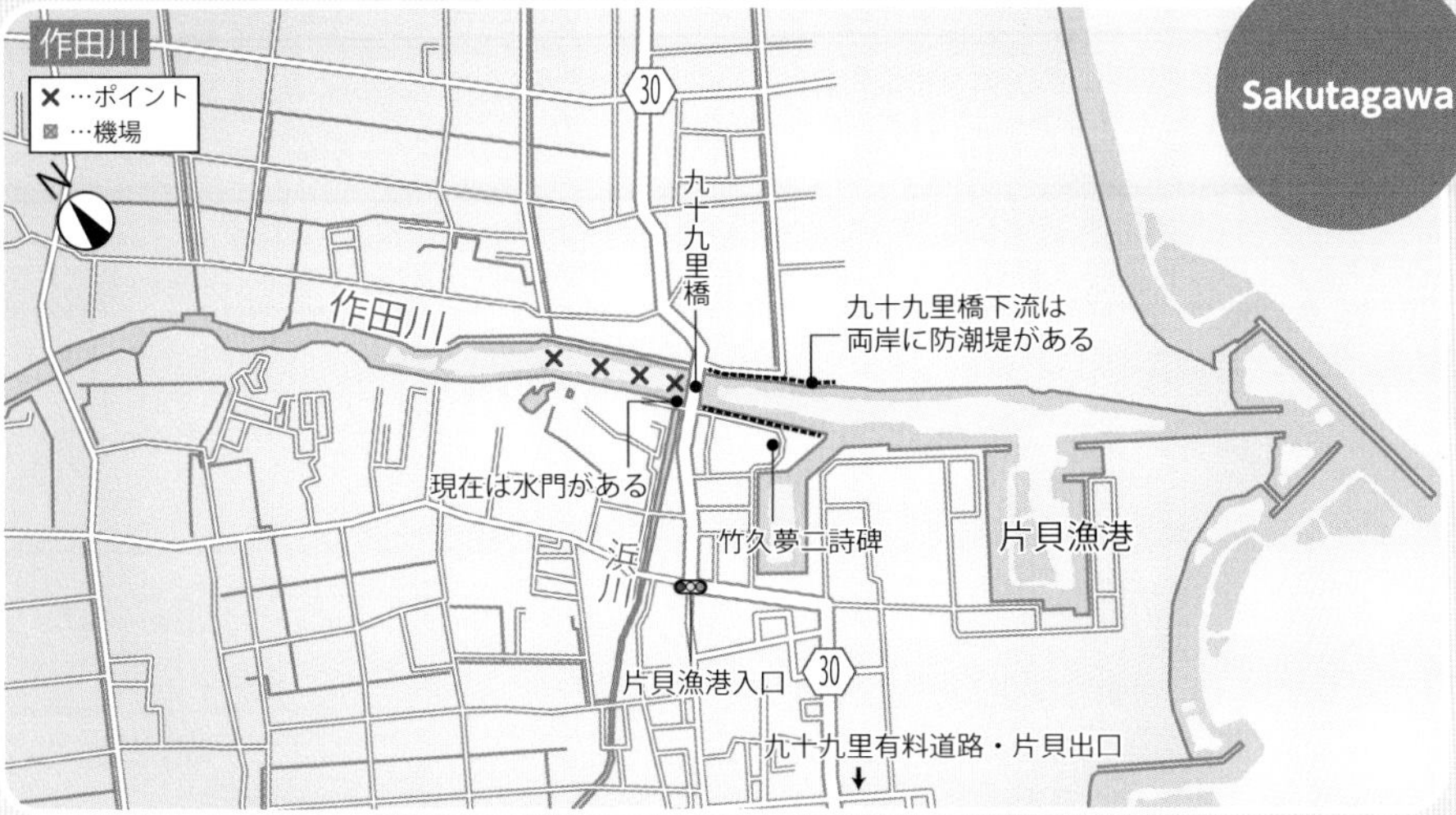

九十九里橋上流側

レギュラーサイズのハゼ

釣れる時はこのくらい釣れます

浜川合流点から九十九里橋を望む

竹久夢二詩碑

千葉県大網白里市

小中川

マブナ

他の魚種

モロコ・コイ・ブラックバス・ブルーギル

ＪＲ外房線・東金線の大網駅を降りると目の前を小中川が流れている。改札を出てすぐの釣り鉄向きで、かつては冬場に泣き尺クラスの良型マブナがねらえたが、２０２２年現在は秋の中小ブナ釣り場である。

駅より上流は、フェンスもなくアシなどが生い茂る川幅３ｍほどの雰囲気のよい釣り場であったが、近年護岸工事が行なわれ小堰堤もなくなり、浅い流れに変わってしまった。駅下流も河川工事で護岸され、両岸を高さ１ｍほどのフェンスで囲まれてしまったうえにアシなどが刈られて、しばらくは釣りにならなかった。しかし自然の回復力はすごいもので、アシは復活し流れも変化してマブナの付き場も出来た。

駅前で人通りは多いが魚影も多い

釣れるマブナのサイズは10～15㎝が中心であるが、大型もいるので尺ブナが掛かることも希にある。

ポイントは、大網駅上流なら県道20号の周辺のクランクと水道管がある辺りが小深くてよい。駅下流は大網駅前橋からがポイント。駅前で人通りが多く、道路からフェンス越しの釣りになるがマブナの魚影は多い！　最大の難点は通行人の視線かもしれない（笑）。水深が浅いのでヒラを打つマブナの姿や、アシの際、排水の落ち口などがポイントの目安になる。少しでも小深い場所をねらうとよいだろう。

タックルは、3・6～3・9ｍ渓流ザオにミチイト0・4号をサオいっぱいに取り、硬質発泡シモリウキ0号を5個通し、ガン玉5号でバランスを取る。ハリは袖4号ハリス0・6号5㎝、上バリ下バリの2本バリ仕掛け。エサは赤虫をたっぷりと房掛けにする。

ポイントを釣り歩く探り釣りスタイルがよい。アタリは、ねらったポイントに仕掛けを投入したらすぐに出るケースが多いので、仕掛け着水直後に神経を集中しよう。

大ゴイ、ブラックバス、ブルーギル、モロコ等のジャミも非常に多く、4ｍ前後の玉網があると安心だ。

ACCESS

クルマ

千葉東金道路・山田 IC を降り、県道 83 号を大網駅方面に走る。駅周辺にコインパーキングあり。

電車

JR 外房線・東金線大網駅下車。

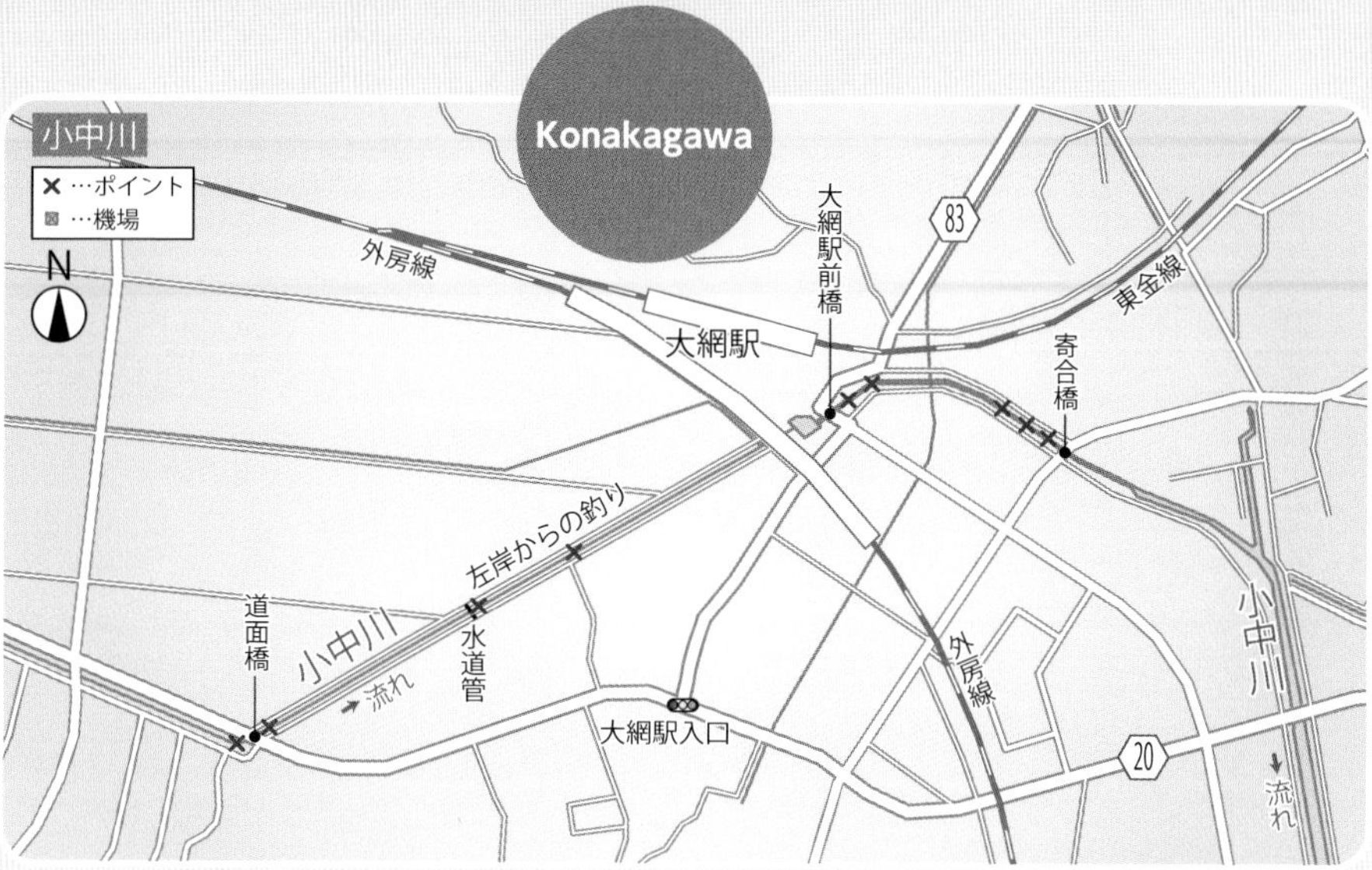

寄合橋から上流を望む

寄合橋上流で釣れたマブナ

水道管のポイント

大網駅下流のポイント

道面橋下流側

千葉県市原市

養老川臨海公園

ハゼ

他の魚種
フグ

シーズン
9月〜10月

マイカーを停めれば目の前がポイント

千葉県市原市を流れる養老川は秋のハゼ好釣り場。今回紹介するのは河口左岸・養老川臨海公園にある野球場の前。車で目の前まで行けるのでマイカー釣行派に人気だ。

　釣り場は300mほどあり、フェンス越しにサオをだす。正面は工場地帯だが、東京方面を遠望すると臨海都市が見えて広大な景色が気持ちよい。

　川幅があるので2m前後のスピニングタックルのチョイ投げスタイルが釣りやすい。僕が使用しているサオは7フィートのウルトラライトアクション

で、スピニングリールは2500番にPEライン0・6号を巻いてある。先イトにナイロン2号を2m結び、ハゼまたはシロギス用のテンビンを結ぶ。オモリは1号。シロギス用の投げ釣り仕掛け・競技用アスリートキス50本連結4〜5号を2本ずつカットして使用している。エサはアオイソメ。

　川幅があるといっても遠投の必要はなく、10〜20mも投げれば充分だ。オモリが着底したらイトを張って待つのだが、早ければすぐにコツッやコンッとアタリがある。少し待ってもアタリがなければ手前に仕掛けを引いて探ってくる。

　釣り人が多いと難しいが、少ない場合はこまめに移動してハゼがよく釣れるポイントを探す。フグが多いのでよくハリスを切られてしまう。仕掛けの予備は充分に用意したい。

　釣期は9月から10月がよい。

　2022年は7月下旬と少し早い釣行となったが、そこそこはハゼの引きを楽しむことができた。

　公園が隣接し、駐車場もトイレもあるので安心だ。自動販売機もあるので水分補給をしっかりとって釣りを楽しんでください。

ACCESS

クルマ

クルマが便利。館山自動車道・市原ICを降りR297を経由してR16を右折。2kmほど走り養老大橋東交差点を左折して養老川臨海公園へ。

河口風景

駐車場もあるので
クルマ釣行に便利

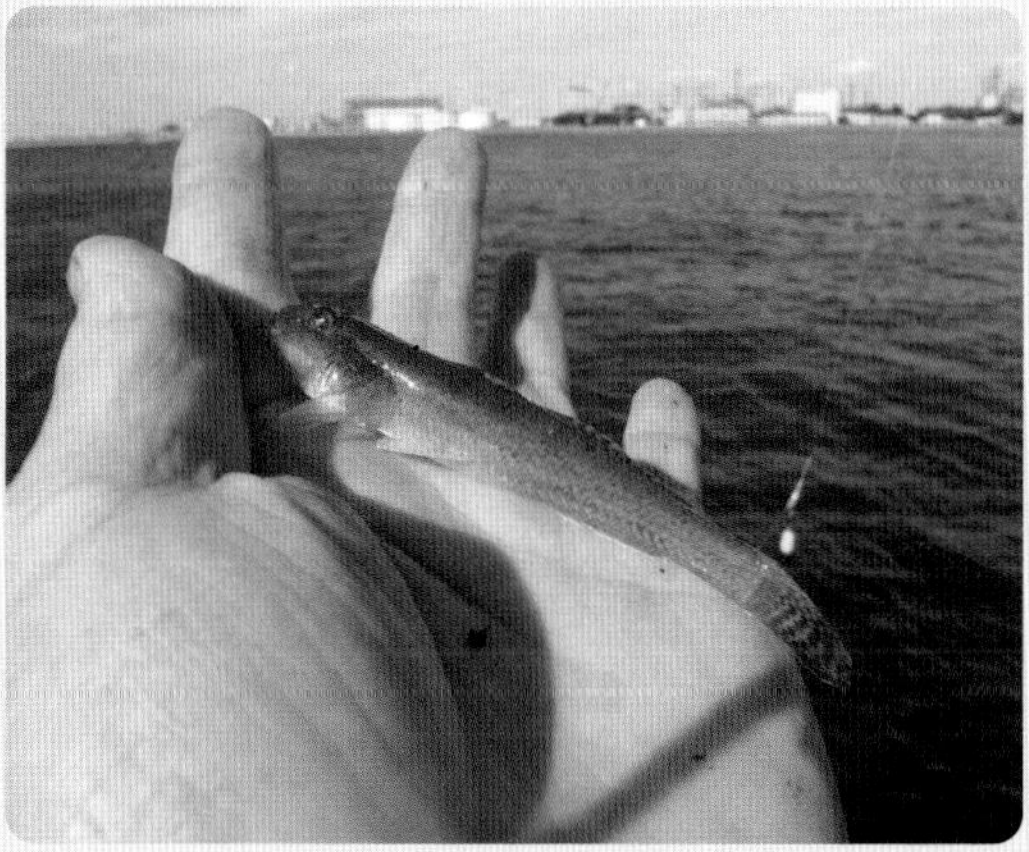

ここのハゼ釣りはスピニングタックルのチョイ投げがマッチする

千葉県木更津市

見立船溜

ハゼ

他の魚種
ウロハゼ・ダボハゼ

千葉県アクアライン・木更津金田IC周辺にはハゼ釣りに有望な船溜が点在している。その中でも一番規模が大きいのが見立《みたて》船溜だ。見立橋の下には水門があって外側と内側に分かれ、水門の内側がハゼ釣り場だ。

係留してある漁船の周辺がポイントで、ここを重点的に探り歩く。ハゼが釣れる場所と釣れない場所がはっきりしているので、アタリがなかったり、ダボハゼばかりだったりする場合は移動してハゼが釣れる場所を探し当てよう。参考として、底に牡蠣殻が点在している場所を探すとよい。根掛りが多くなるが、牡蠣殻にハゼが付くケースが多い。

牡蠣殻が底にある場所にハゼが付く

3〜3・6m渓流ザオにミチイト1号をサオいっぱいに取り、0・5号の中通しオモリを通して自動ハリス止を結ぶ。ハリはハゼライト5〜6号ハリス5㎝。ミチイトに渓流用化繊目印を7〜10個付けておくと便利だ。

エサはアオイソメを使用する。良型のハゼが多いのでボリュームを持たせてアピールするとよい。

仕掛けを振り込んでオモリ着底後ミチイトを軽く張ると、コンッやコツッとアタリがあるほか、化繊目印が移動したりスッと引き込まれたりするのもアタリである。

7月下旬から9月いっぱいは楽しめる釣り場で、東京の運河筋のように時速50尾、60尾とはいかないが、そのぶん良型が楽しませてくれるだろう。

2022年7月下旬の釣行では、ハゼの好ポイントを探し当て入れ食いを堪能。良型ハゼに良型のウロハゼ混じりで面白かった。

なお、漁師さんの仕事場で釣りをさせてもらうので、車の駐車やゴミ等で迷惑がかからないように気をつけてください。

ACCESS

クルマ

クルマが便利。アクアライン・木更津金田ICより県道87号を木更津方面に走る。小櫃川に架かる金木橋手前の信号を右折して道なりに進み見立船溜へ。

見立船溜

ハゼはこのサイズが中心

当日の釣果

千葉県木更津市

吾妻公園前の水路

ハゼ

千葉県木更津市の木更津港周辺にはたくさんハゼの好釣り場がある。秋になると多くのハゼ釣りファンが訪れる。

中でも木更津市吾妻に位置する吾妻公園前の水路は、穴場的で知っておいて損のない釣り場である。

注意点として、陸上自衛隊木更津駐屯地に隣接するため立入禁止区域がある。さらに、水路に漁船が係留してある漁港内も立入禁止区域なのでサオをだせるポイントは吾妻公園前に限定されてしまう。しかし、ハゼの魚影は非常に多い。

エサ付けは小さくタラシも出さない

水路の幅は10mほどであるが、フェンス越しの釣りとなり水面まで少し高さがある。手前にある牡蠣殻地帯が好ポイントになっているので4～4・5mの渓流ザオで攻略できる。ミチイト1号もしくはPEライン0・6号のミャク釣り仕掛けがよく、水深も浅いので使用するオモリは0・5号がアタリを取りやすい。ハリはハゼライト5号ハリス5㎝。エサはアオイソメで、ここのハゼは小さいのでエサ付けも小さくタラシを出さないようにしたい。

釣期は7月から9月まで楽しめるだろう。この時期はミャク釣り仕掛けでアタリがよく取れるはずだ。

牡蠣殻地帯の周辺にある砂地を重点的にねらっていく。根掛かりも多発するため、ハリの予備は多めに準備したい。アタリはオモリ着底後すぐのことが多く、常に合わせる心構えでいたい。コツッやコンッと手元に伝わるほか、サオ先を見ているとクックッと入るので参考にするとよいだろう。

アタリが遠い場合は待っているのではなく、投入点をこまめに変えてハゼが釣れるポイントを探ってほしい。

2022年7月下旬の釣行では1時間ほどの釣りであったがよく釣れた。

周辺には前著・Part2で紹介した木更津内港があるのでこちらもあわせて楽しめる。2022年7月にはたくさんのハゼがいたことも付け加えておこう。

ACCESS

電車

木更津駅西口より袖ヶ浦駅北口行または三井アウトレットパーク BTA 行バスで航空隊前下車。

Azuma koenmae no suiro

水門左右の流れ

長男・龍太郎が
釣ったハゼ

立入禁止区域があるので注意

東京都中央区

朝潮運河

ハゼ

他の魚種
ダボハゼ

水深があり長めの渓流ザオ推奨

東京都中央区を流れる朝潮運河は月島と晴海地区間を流れる約2・2㎞の人工水路だ。かつては資材運搬航路として多くの船舶が往来していたそうで、そのため水深がある。

現在は晴海アイランドトリトンスクエアをはじめとする現代的な施設と高層マンションが立ち並ぶ中、古きよき下町の風情も感じられる。

以前からハゼ釣り場としては定評があり、僕も晴海総合高等学校の前でよく夏ハゼ釣りを楽しんだものである。現在はこの場所は釣りが出来なくなってしまったが、晴海トリトンスクエアの前や、黎明橋下流の朝潮運河船着き場がある中央区立黎明橋公園前で秋にハゼ釣りを楽しめる。

晴海トリトンスクエア前も、遊歩道からの投げ釣りは禁止されているが釣り自体がダメというわけではないので、長めの渓流ザオで釣りは可能だ。それでも人通りの多い地域なので周辺を歩く人には充分注意してほしい。

桜小橋周辺は広くなっていて釣りやすい。

黎明橋公園前は落ちハゼの好ポイントで、秋から初冬にかけて良型が釣れることで知られ、上手な人になると初冬でも50から100尾近い釣果をあげるほどだ。

ここの釣り場は上げ潮時がよく、長めの渓流ザオでねらうと引きを楽しめて面白い。6～6・5mザオにPEライン0・6号をミチイトに使ったミャク釣り仕掛け。オモリは1～2号。ハリはハゼライト6号ハリス10㎝。僕の感覚では、夏ハゼの時よりも少し長めのハリスを使用したほうが釣れる気がする。

アタリはコツッやコンッと伝わってくる。短ザオでは味わえない引き味が魅力で、15㎝級が混じると本当に楽しい。

秋の朝潮運河のハゼ釣り、いいですよ！

●情報問合先　春海屋釣具店（℡03・3531・2872）。

ACCESS

電車

都営地下鉄大江戸線勝どき駅下車。黎明橋まで徒歩5分ほど。

Asashio-unga

晴海アイランドトリトンスクエア前

桜小橋から見たトリトンブリッジ

桜小橋から上流の眺め

黎明橋下流のポイント

東京都大田区

多摩川六郷水門

ハゼ

他の魚種
テナガエビ(5～6月)・チンチン・ダボハゼ

東京都大田区南六郷にある六郷水門は、かつて雑色水路と呼ばれていた水路下流の様子を残す舟溜と多摩川をつなぐ水門である。夏にはテナガエビが釣れるポイントとして知られ、水門の護岸周辺をねらう。

7月中旬になるとテナガエビに代わってハゼの好ポイントになる。サオがだせる場所ならどこにでもいる感じがするくらいハゼの魚影は多い。

水門両サイドはフェンス越しの釣りとなるが、護岸されていて足場がよいので人気のポイントで釣り人が絶えない。水門からの吐き出しの右側は水際に出られる場所があり、こちらもハゼが多くねらいめである。

夏でも釣れるが猛暑が和らぐ頃がおすすめ

夏でも釣れるのだが、猛暑の影響を受けると食いがガクンと落ちるので秋がおすすめ。

干潮時は水が引いてしまうので上げ6分から下げ4分がよく、特に上げ潮時は岸寄りにどんどん寄ってくるので短ザオでねらえる。渓流ザオ3～3・6ｍにミチイト1号をサオいっぱいに取り、中通しオモリ0・5号を通して自動ハリス止を結ぶ。ミチイトに渓流用化繊目印を7～10個付けておくとよい。ハリはハゼライト5号ハリス5㎝。エサはアオイソメ。

釣り方は仕掛けを沖に振り込んで軽くイトを張る。食いがよければすぐにコンッやコツッとアタリがある。上げ潮時は意外と岸寄りにもハゼはいるので手前も探ってみること。アタリがないか遠い時は振り込み場所を変えてみる。基本的にアタリはすぐにでるものという意識で釣りをしてほしい。

釣れる時は束釣りも可能なので、「目差せ束釣り」と思って釣ってください。

2022年は7月下旬に上げ潮時の夕マヅメの30分ほどしか釣りをすることが出来なかったが、それでも15尾で時速30尾ペースであった。

初夏はテナガエビ、夏から秋はハゼと六郷水門の釣りは楽しめる。

ACCESS

電車

京浜急行線雑色駅下車。水門通りを六郷水門方面に徒歩 15 分ほど。

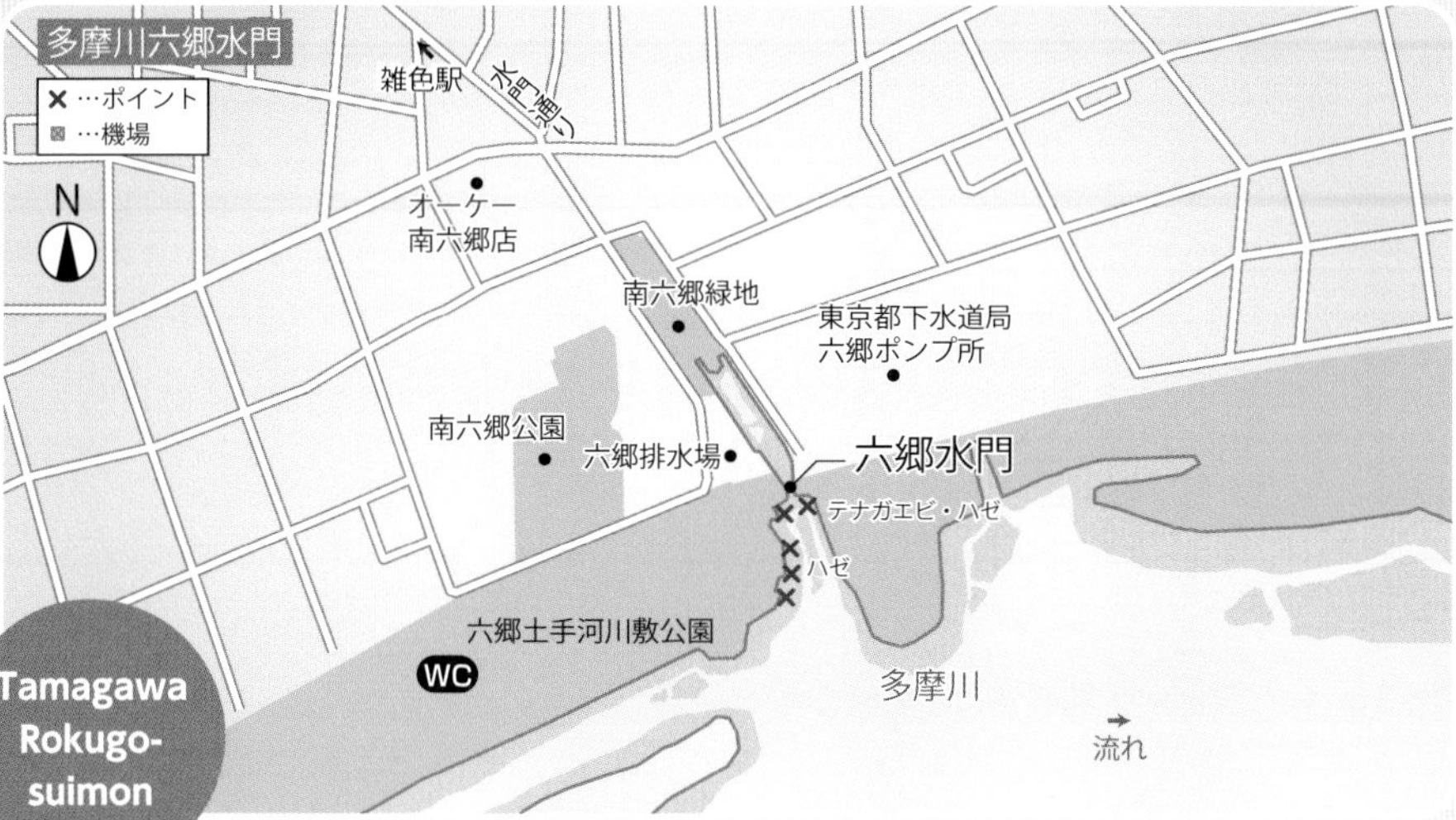

Tamagawa Rokugo-suimon

多摩川土手から水門全体を見る

水門右側の満潮時

六郷水門解説

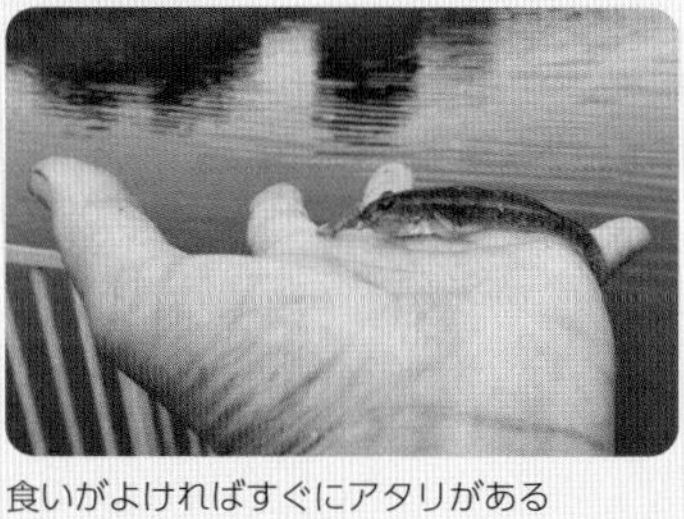

食いがよければすぐにアタリがある

水門から奥に多摩川本流を望む

茨城県筑西市

鬼怒川

ヤマベ

他の魚種

ウグイ・カワムツ

澄み切った秋空の下、清流釣りを堪能

鬼怒川といえば関東を代表する清流で、全長176・7㎞を誇り利根川に合流する一級河川だ。

長い流域の中でポイントもたくさんあるだろうが、釣り鉄の僕は駅に近い釣り場として茨城県筑西市にあるJR水戸線川島駅周辺を取り上げたい。

鬼怒川ではアユ釣りが終盤にさしかかった秋のヤマベ釣りがよいだろう。JR水戸線鉄橋から新川島橋間が駅近で好ポイントが続いている。以前、よく釣れているよと教えていただいた釣り場である。さまざまな瀬や流れと流れがぶつかったポイント等、毛バリ釣りやエサ釣りでねらうにはうってつけのポイントだ。

瀬はサシエサのフカセ釣りや毛バリで流すのがよく、流れと流れのぶつかったポイントでは立ちウキを使ったエサ釣りがよいだろう。エサにはサシを使う。サオは、ヤマベザオ3・9mが軽くて使いやすい。

鬼怒川ではウエーダーは必携だ。流れは見た目以上に強いので、無理して立ち込んだり川を渡ったりしないように気をつけていただきたい。

毛バリ釣りでは流せる範囲が限られてしまうので、数を釣るにはエサ釣りに分がある。釣れてくるヤマベは良型が多く、強い流れと相まって強い引きを堪能できる。

秋の澄みきった空の下での清流釣りはとても気持ちがよいものだ。秋のヤマベは体色も控えめなのがよい。

川に立つと川音が都会の雑踏を忘れさせてくれる。秋の青空、清らかな流れ、ヤマベの銀鱗……、鬼怒川のヤマベ釣りは魅力がいっぱいだ。

●鬼怒小貝漁業協同組合（℡0296・28・0035）。遊漁料日釣り400円。

ACCESS

電車

JR 水戸線川島駅下車。駅を出て鬼怒川方面に徒歩10～15分。

JR 水戸線鉄橋を下流側から見る

JR 水戸線鉄橋下流の広い瀬

新川島橋周辺

毛バリに出たヤマベ

新川島橋下流

埼玉県坂戸市

越辺川

ヤマベ

他の魚種
ウグイ・カワムツ

シーズン 9月～11月

埼玉県坂戸市を流れる越辺《おっぺ》川はヤマベの魚影が非常に多い川である。

好ポイントが多数ある中、中でも人気は島田橋周辺。R407に架かる高坂橋の下流に島田堰があり、さらにその下流に架かる小さな橋が島田橋で常に釣り人がいる。

島田橋周辺の流れは瀬が連続して続き、清流釣りを楽しむにはもってこいだ。春から晩秋まで楽しめるけれど、おすすめは、秋が一番よいと思う。水量が減って小さな流れになるが、そのぶんヤマベの密度は高まる。

水量が減る秋はヤマベ密度高し！

釣り方は、立ちウキ、フカセ釣り、毛バリ釣りと各自好みの方法でよいが、僕はほかに釣り人がいなければ、毛バリ釣りが大好きなのでいつもそれでねらってしまう。

3・9mヤマベザオに市販の毛バリ仕掛けを結べばOKだ。秋がまだ早い段階では先玉が付いた毛バリ仕掛けでよいが、秋が深まってきたら先玉のない吹き流し仕掛けのほうが効果的。

島田橋の上流の瀬頭から流し始めて釣り下るとよいだろう。水量が少ない秋でもウエーダーの着用が望ましい。

2022年11月27日に釣行した。この日は運よく先行者がいなかったので島田橋上流から1時間釣り下った。11月下旬にもかかわらず毛バリに好反応でよくアタリがあった。さすがに食いが浅くハリ掛かりするヤマベは少なく、掛かってもバレてしまうケースが多かったが、1時間強釣り下り15尾をキャッチした。

秋のヤマベは夏の婚姻色が出た魚体のような華やかさはないが、うっすらと模様が出ている感じがまたよい。

なお、島田橋は木製の沈下橋で一見の価値あり。小型車は通行出来る。

●埼玉西部漁業協同組合（℡042・982・2312）。遊漁料日釣り400円、現場売り500円。（※参考）4月1日よりアユ解禁日までは蚊バリ、オランダ釣りは禁止。

ACCESS

クルマ

関越自動車道・鶴ヶ島ICを降りR407を東松山方面に北上し、高坂橋交差点を右折して越辺川土手方面へ。

電車

東武東上線北坂戸駅下車。東口からR407に出て高坂橋方面へ。徒歩30～40分。

Oppegawa

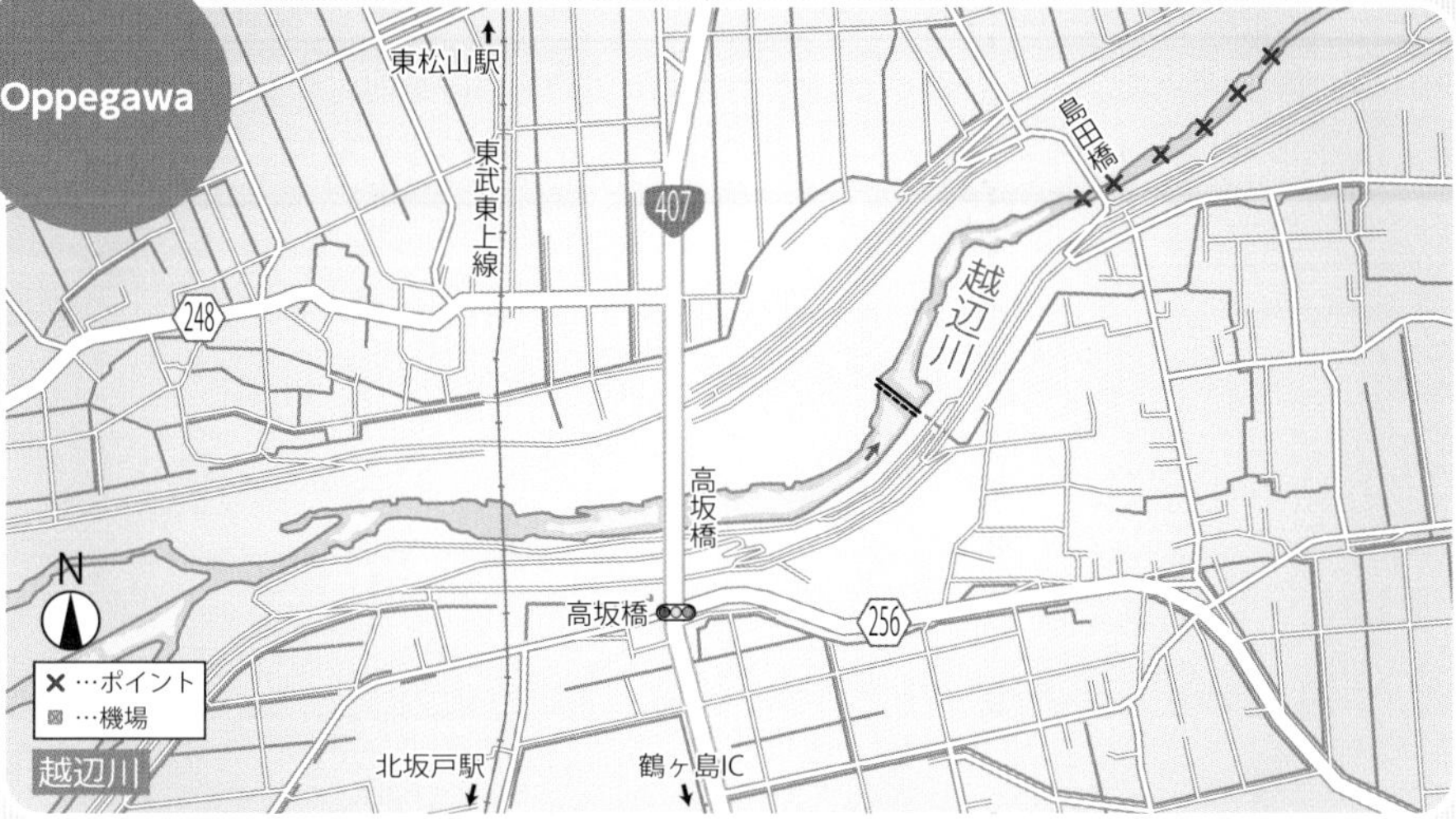

島田橋下流の流れ

美しい秋ヤマベ

島田橋上流

島田橋

埼玉県坂戸市

高麗川

ヤマベ

他の魚種
ウグイ・カワムツ

シーズン
9月～11月

埼玉県内には数多くのヤマベ釣り場がある。清流・高麗《こま》川もその一つで、東武東上線北坂戸駅近くの北坂戸橋周辺はヤマベの魚影が大変に多い。

駐車スペースが限られてしまうからか、魚影の割りに釣り人は少ない。新戸口橋から北坂戸橋にかけての流れがよく、北坂戸橋上流がベストポイント。左岸からの釣りになり、手前にコンクリートブロックがあり、通常の流れならブロックの先がねらいめだ。

高麗川のヤマベは秋がよい。特に夕マヅメはライズがたくさんあるので、

ライズの多い夕方を毛バリでねらう

毛バリ仕掛けでねらうのがベスト。緩やかなように見えてもしっかりと毛バリを運んでくれるだけの流れがある。

3・9mヤマベザオに毛バリ仕掛けをセットして下流に釣り下る。通常ならガンガン反応してくるはずだ。

2022年11月27日、夕マヅメの1時間をねらった。北坂戸橋上流の流れにはライズするヤマベがたくさんいた。こういう光景はワクワクする。第1投目からヒットして入れ食い。面白いくらいにアタリがある。ガガンッと当たるだけの場合もあるし、掛かりが浅く途中でバレることも多かった。

それでも1時間で29尾をキャッチ。アタリは釣れた数の3倍はあった。毛バリ釣りもこれだけアタリがあって釣れると本当に楽しい。ヤマベのサイズも10～14㎝級が中心で晩秋とは思えない強い引きを見せてくれた。

参考までに、2018年10月の釣行では2時間半で58尾の釣果であったから、2022年は11月下旬にもかかわらず、いかに食いがよかったかが分かっていただけると思う。これだからヤマベの毛バリ釣りは止められない(笑)。高麗川でヤマベの毛バリ釣りを楽しんでみませんか?

●埼玉西部漁業協同組合(TEL042・982・2312)。遊漁料日釣り400円(雑魚)、現場売り500円。(※参考)4月1日よりアユ解禁日までは蚊バリ、オランダ釣りは禁止。

ACCESS

電車

電車が便利。東武東上線北坂戸駅下車。西口より入西団地行バスで伊豆の山町下車。

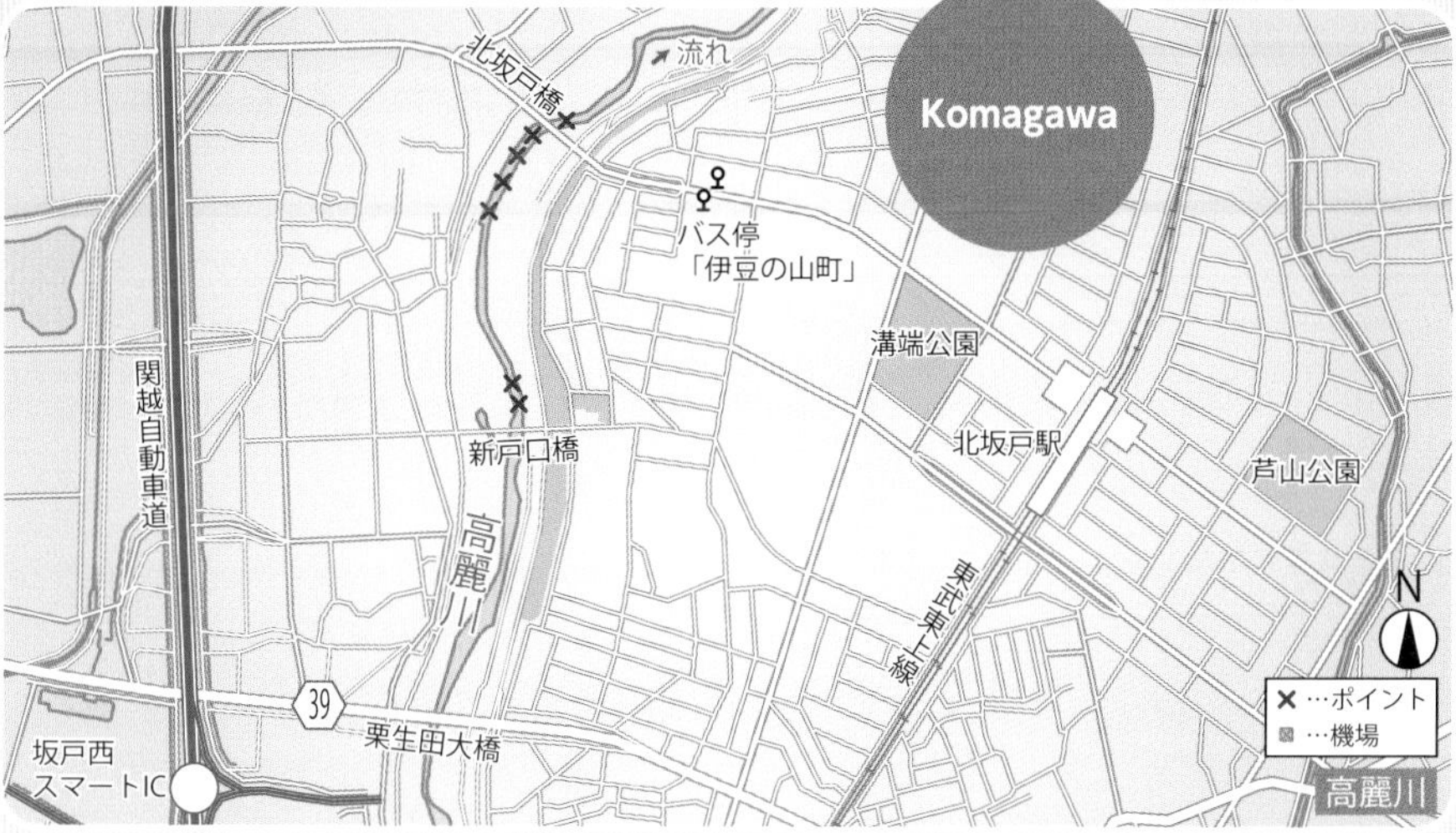

北坂戸橋下流

新戸口橋上流側

北坂戸橋上流のポイント

強い引きを見せるグッドサイズのヤマベ

新戸口橋から下流を望む

神奈川県横浜市

富岡川

ハゼ

他の魚種

クロダイ（チンチン含む）・シーバス・フグ・ダボハゼ

神奈川県横浜市金沢区並木を流れる富岡川。さざなみ団地前には富岡並木ふなだまり公園があり、富岡川とつながっている。

富岡川と船溜の合流点はクロダイ・シーバスねらいの釣り人が目立つ。とりわけクロダイの魚影は目視出来るだけでも非常に多い。大型もけっこう泳いでいるし、実際に釣った光景も目撃している。

しかし、釣れるのはクロダイやシーバスばかりではない。ハゼの魚影も多いのだ。クロダイ・シーバスねらいの人がほとんどなので、ハゼ釣り場としては穴場的な存在である。

団地と公園に囲まれた静かなフィールド

ポイントは富岡川の川筋がよく、特に船溜との合流点は一番の好ポイント。クロダイねらいも同様のようだ。足場が高くフェンス越しの釣りになるのでチョイ投げタックルでもよいが、上げ潮時は護岸の手前へチでも釣れるので、この潮時を3・6〜3・9m渓流ザオのミャク釣り仕掛けにアオイソメで手前へチを集中的にねらうと格段に数が伸びる。オモリは0・5号を使うとよくアタリが取れる。

釣期は8月から9月がよい。この時期はバリバリとアタリがあってよく釣れるだろう。

ハゼのほかにチンチン・フグ・ダボハゼと外道も多く、特にチンチンはよく混じる。手前へチの護岸ぎりぎりをねらうとダボハゼが多くなる。使用するサオで届く範囲から手前へチを探るとよいだろう。

アタリは頻繁にあるはずで、遠い場合は探り歩くことが大切だ。

2022年は二度釣行してどちらもよく釣れた。3・6mの渓流ザオで釣った時は時速30尾ペースで、外道もたくさん混じってアタリも多かった。

富岡川は神奈川県内の有望なハゼ釣り場。興味のある人は一度楽しんでみてください。

ACCESS

電車

金沢シーサイドライン並木中央駅下車。駅を出るとすぐ右側が富岡川。

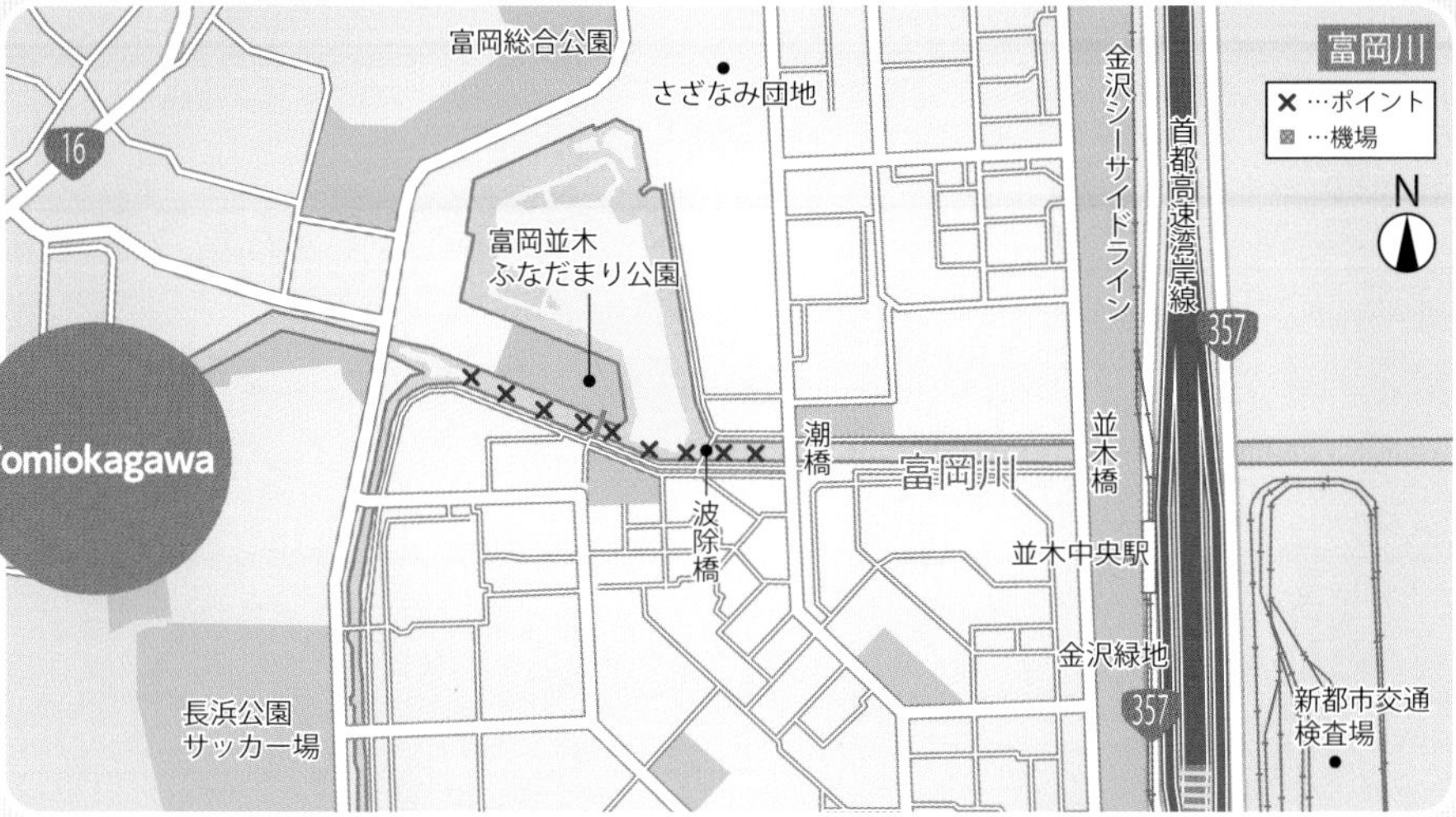

波除橋から上流を見る。右手は船溜

波除橋下流側

ふなだまり公園合流のポイント

団地に囲まれた船溜は、かつての海岸線の面影を残す

かわいいサイズのハゼ

チンチンも多い

神奈川県横浜市

宮川

ハゼ

他の魚種
クロダイ・クサフグ・ダボハゼ

神奈川県横浜市金沢区の平潟湾の湾奥に流れ込む河川が宮川で、夏から秋にかけてハゼ釣りが楽しめる。

釣り人の多くは平潟湾や侍従川で釣りをするので、宮川で釣りをする釣り人は非常に少ない。しかしながら、平潟湾の流入河川なので当然魚影は多く、ハゼのほか大型のクロダイもたくさん泳いでいる。

ポイントは瀬戸橋から秋月橋の間が駅近のポイントで便利だ。歩道からフェンス越しの釣りとなるので、通行人には充分に注意してほしい。

人気フィールドに隣接するのんびり釣り場

川幅は7〜8ｍと小河川なのでリールを使う必要はなく、3・6〜4ｍ渓流ザオのミャク釣りがマッチする。エサはアオイソメを使う。夏はエサ付けも小さくてかまわないが、ハゼが大きくなってくるとエサに少しボリュームを持たせたほうがよく釣れる。

エサを小さく付けていて当たらないなと感じる時は、少しボリュームを持たせると好転することがある。

一番のポイントは姫の島公園の前だ。ここは通行人も少なく釣りができ、よくアタリよく釣れる。最大の難点は目の前がイオンで、カフェがあるのでギャラリーが多いこと。木化け石化けの気持ちで、ギャラリーの視線を気にせず釣りをしてください（笑）。

やはり潮の干満は釣りに影響するので上げ6分から下げ4分がよい。

ダボハゼも多く、そんな場所はすぐ移動してマハゼが釣れるポイントを探し当てよう。マハゼのポイントは、ダボハゼよりもマハゼが釣れてくる。

２０２２年晩夏に友人と共に宮川のハゼ釣りを楽しんだ。姫の島公園前で釣り時速25尾。ハゼのサイズも10〜12㎝級で小型は少なかった。

平潟湾や侍従川もあるので周辺のハゼ釣り場と併せて楽しんでください。

ACCESS

電車

京浜急行線・金沢シーサイドライン金沢八景駅下車。駅を出てR16を杉田方面に歩くと左側に姫の島公園がある。

姫の島公園前

ハリスを切っていく
クサフグにもご用心

ハゼはこのサイズが中心

秋月橋上流

ダボハゼも多い

神奈川県横浜市

侍従川

ハゼ

他の魚種
クサフグ・ダボハゼ

神奈川県横浜市金沢区にある平潟湾に流れ込む侍従《じじゅう》川は、ハゼの魚影が多い平潟湾の流入河川だけあって、夏から秋にかけて楽しい釣りができる。

平潟湾は釣り人がたくさんいるけれど、侍従川はまばらで釣りやすい。釣り場は雪見橋から平潟橋の間で、川幅は50〜60ｍある。釣りは左岸の歩道からとなる。通行人には充分に気をつけてほしい。

川幅は広いが、初秋はハゼが手前にもいるので3・6〜4ｍ渓流ザオのミャク釣り仕掛けでねらえる。晩秋になると少し沖めにポイントが移るので、4・5〜6ｍと長めのサオが有利。エサはアオイソメがよい。

底の起伏のカケアガリを探る

底は起伏があり、ハゼはそのカケアガリに付いているケースが多い。そのようなポイントを見つけよう。ねらい時は上げ6分〜下げ4分。また干潮時の水が引いた時に川底を確認しておくとポイントが分かりやすい。

ここは釣れる場所と釣れない場所がはっきりしているのが特徴で、理由としては前述したことだと思われる。

2022年は非常にハゼの魚影が多く、よく釣れた年であった。2回の釣行でどちらも入れ掛かりを楽しめた。

一度目の釣行では関東学院大学の前で、引き潮時に起伏があり小深くなっているところのカケアガリでバタバタッと釣れてきた。

二度目の釣行では平潟橋上流で、強風に難儀しながらも目印でアタリをとって入れ掛かりに。共に時速30〜40尾ペースであった。

11月には先輩が100〜200尾の大釣りをしている。

僕は平潟湾の景色がすごく好きで、侍従川の雰囲気もすごくいいと思っている。景色のよい中での釣りは心がなごみ、それだけで気持ちも癒される。さらにハゼもたくさん釣れるのだから、いうことなしだ。

侍従川のハゼ釣りはいいですよ〜。

ACCESS

電車
京浜急行線・金沢シーサイドライン金沢八景駅下車。平潟湾に出て野島公園方面に15分ほど歩くと侍従川に架かる平潟橋に出る。

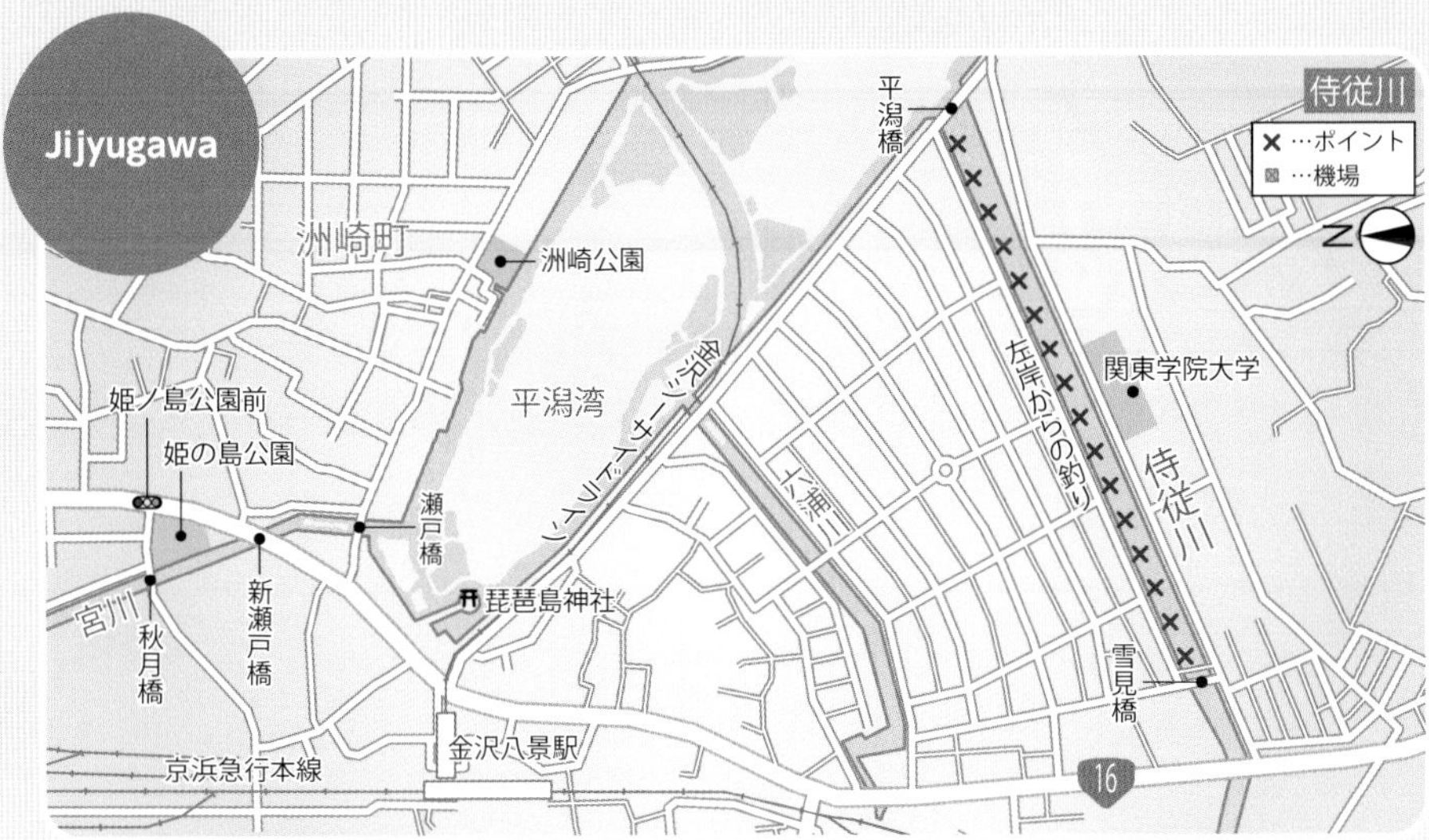

平潟橋を奥に上流側を釣る

関東学院大学前付近
（対岸側）

侍従川のハゼ。おみやげ（釣果）もバッチリ

Column 3

愛用のバッグ

バッグの中身

愛用のバッグと中身

新しい釣り場が大好きな僕は、常に「どこかよい釣り場がないか？」と探しています。

新しい釣り場を開拓する時はほとんど自分の第六感頼りで、ネットなどほかからの情報は一切取り入れないことをポリシーとしています。

行きたい場所を見つけて、納得するまで自分の足で探します。地図などを見ていて、第六感がピピっと働いた時は結構当たります。

でも、予想していたターゲットとは違うこともよくあります。マブナが釣れるかなと思って行ってみるとヤマベの釣り場であったり、タナゴがいたりと、現場に行かないと分からないことはたくさんあります。そのため一通りの釣り道具を持参して、マブナ、小ブナ、ヤマベ、タナゴでも対応出来るようにしています。愛用のノースフェイスのバッグに釣り道具一式、仕掛け一式、カメラ、折りたたみの長靴と雨具。僕は温泉が大好きなので、釣りの後で日帰り温泉へ立ち寄れるように着替えも持って行きます。

ノースフェイスのバッグは荷物がたくさん入るので便利です。ただ、そのぶんかなり重くなってしまいます。釣り鉄なのでこのバッグを背負って 10 ～ 20km 歩くこともありますから、ここまでくると一種のトレーニングですよね（笑）。それでも、雨に強いし丈夫だしとても便利です。

今年も新しく訪れようと思っている釣り場がいくつもあります。思い描いたようにたくさん釣れる釣り場だといいなあ！

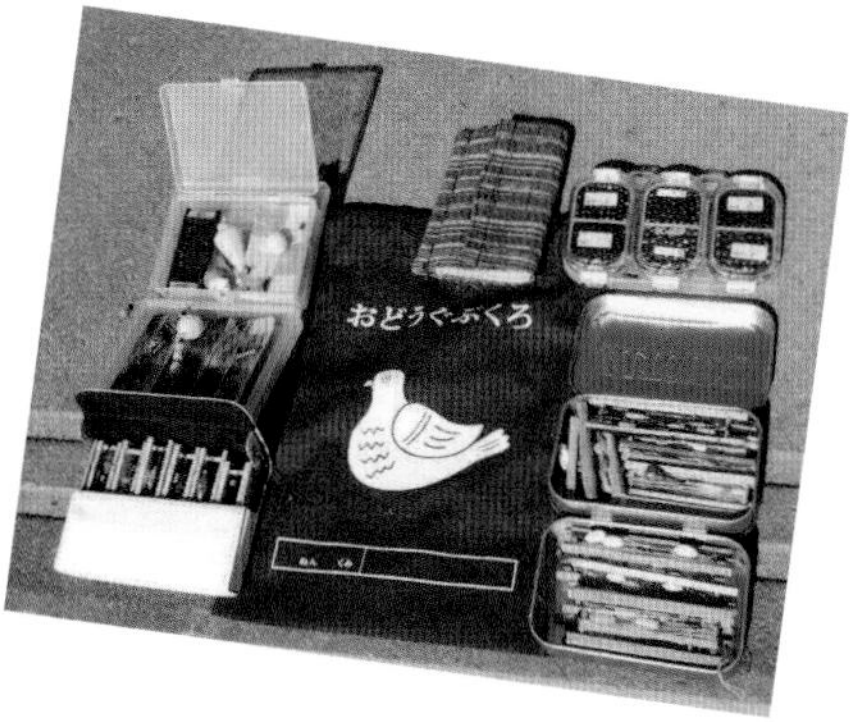

「おどうぐぶくろ」に
仕掛け一式を収納

冬の釣り場

日が落ちるのが早く、風も冷たい。
でも小ものたちの生命感を感じていたい。
静けさの中に「動」を求めて、
今日も水辺に足は向かう。

埼玉県幸手市

神扇落

マブナ

他の魚種
モロコ・ヤマベ・ニゴイ

シーズン 9月〜12月

埼玉県幸手市の神扇落《かみおうぎおとし》は地蔵院落とも呼ばれ、昔から知られたマブナ釣り場だ。神扇地区から遠野地区には僕も足しげく通ったものである。

以前この地区は神扇落本流と周辺に展開するホソで釣りを楽しめたが、現在ホソは立入禁止の看板が立ち、釣りは本流に限られる。神扇落は農業用排水路としても使用され、田んぼが稼働している時は水量も多いが、農閑期は水深も浅く20〜40㎝である。〝落川〟の性質上、水質はよいとはいえないが、中小ブナを中心に時には25㎝オーバーの良型も釣れる。

中小ブナ中心に25㎝オーバーの良型も混じる

ポイントは、三叉橋下流はクランクになっているうえに水路が合流する1級ポイントでマブナの魚影が多い。2022年晩秋の釣行でもたくさんマブナがいた。県道境杉戸線に架かる扇橋下流よりバス通りの遠野橋までの間も有望で、機場の吐き出し口と養鶏場前周辺は好ポイントだ。一部フェンス越しの釣りになる場所もある。

水深は浅いが底に起伏があるので、少しでも水深のある場所を釣ることが肝心だ。機場からの水門の出口、排水口の下、橋の下、水路の吐き出し口などである。また、草が水没している場所もマブナの隠れ家になっている可能性が高いので周辺をていねいに探るとよいだろう。

釣り方は探り釣りが適している。やや高い土手の上からになるので、渓流ザオ4・5mを使用する。遅ジモリバランスに整えた2本バリのシモリ仕掛けを結び、ハリは袖5号ハリス0・6〜0・8号7㎝。エサは赤虫もしくは細めのキヂ（ミミズ）。赤虫はハリが隠れるくらいにたっぷり装餌するとよい。

2022年晩秋は良型こそ出なかったが、10〜15㎝のマブナがポツポツと釣れて飽きない程度に遊んでくれた。モロコ等のジャミも多いのが難点。良型のヤマベもたくさんいた。

良型が掛かった時のために柄の長い玉の柄と玉網を持っていると安心だ。

ACCESS

電車

駐車スペースがないので釣り鉄向きの釣り場。東武伊勢崎線東武動物公園駅下車。境車庫行朝日バスで遠野下車。

養鶏場前

グラウンド前

三又橋

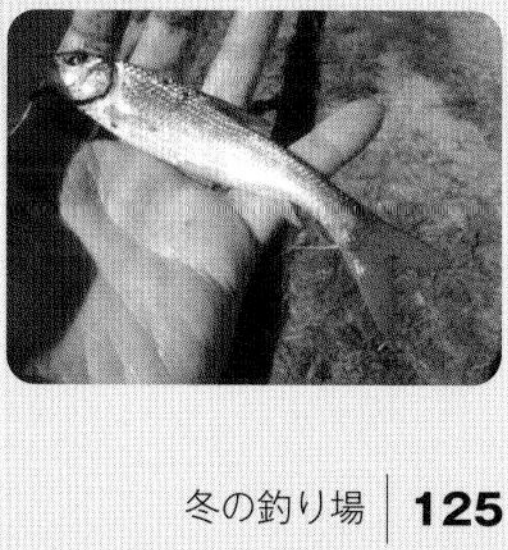

外道のニゴイ

中小ブナが多い

埼玉県さいたま市

深作川

マブナ

他の魚種
ヘラブナ・クチボソ・モロコ・コイ・ニゴイ・アメリカナマズ

埼玉県さいたま市見沼区を流れる深《ふか》作《さく》川は以前からマブナ釣り場として知られた川で、東武アーバンパークライン（野田線）下流で綾瀬川に合流している。農繁期は周辺の田んぼからの排水で水位が上昇して釣りにならないが、役目を終えた農閑期には減水し、小深いポイントにマブナが集まってくるのである。

榎の木橋から宮ヶ谷塔橋までの間に好ポイントが連続している。宮ヶ谷塔橋下流にもポイントがあるのだが2022年11月現在工事中となっているので今回は省略する。

多彩な魚種からマブナをゲット

深作川には遊水池がいくつかあり、その周辺にポイントが多い。なお、遊水池は立入禁止の場所が多いので注意していただきたい。

深作川でフナ釣りをする人の多くはヘラブナスタイルだが、僕は3・9〜4・5m渓流ザオに遅ジモリバランスのシモリ仕掛け、赤虫エサの房掛けで釣っている。赤虫はハリが隠れるくらいたっぷりと装餌する。ハリは袖5号ハリス0・8号10㎝。

主なポイントは排水口周りの小深くなった所で、平場から深場に続くカケアガリがよい。このような場所を浅場から深場まで隈《くま》なく探る。深い所だけがポイントではなく、カケアガリを含めて周辺一帯を釣るのである。

秋は平場を泳ぐ小ブナや中ブナを見ることもある。

2022年11月中旬、宮ヶ谷塔橋上流のポイントで釣りをした。アタリは多くクチボソ・モロコ・アメリカナマズの幼魚のジャミが多くて苦労したが、8寸（24㎝）クラスを筆頭に中ブナ4尾・ニゴイ・ナマズ・コイとバラエティーに富んだ釣りだった。尺ブナクラスもヒットしたが掛かりが浅くてバレてしまった。

水温が下がる冬はジャミのアタリも少ないと思うので、丹念にポイントを探り良型マブナをゲットしてほしい。

ACCESS

クルマ

駐車スペースがないので釣り鉄向き。JR宇都宮線東大宮駅より深作中もしくはさいたま東営業所行バスで東三番街（榎の木橋の上流）下車。

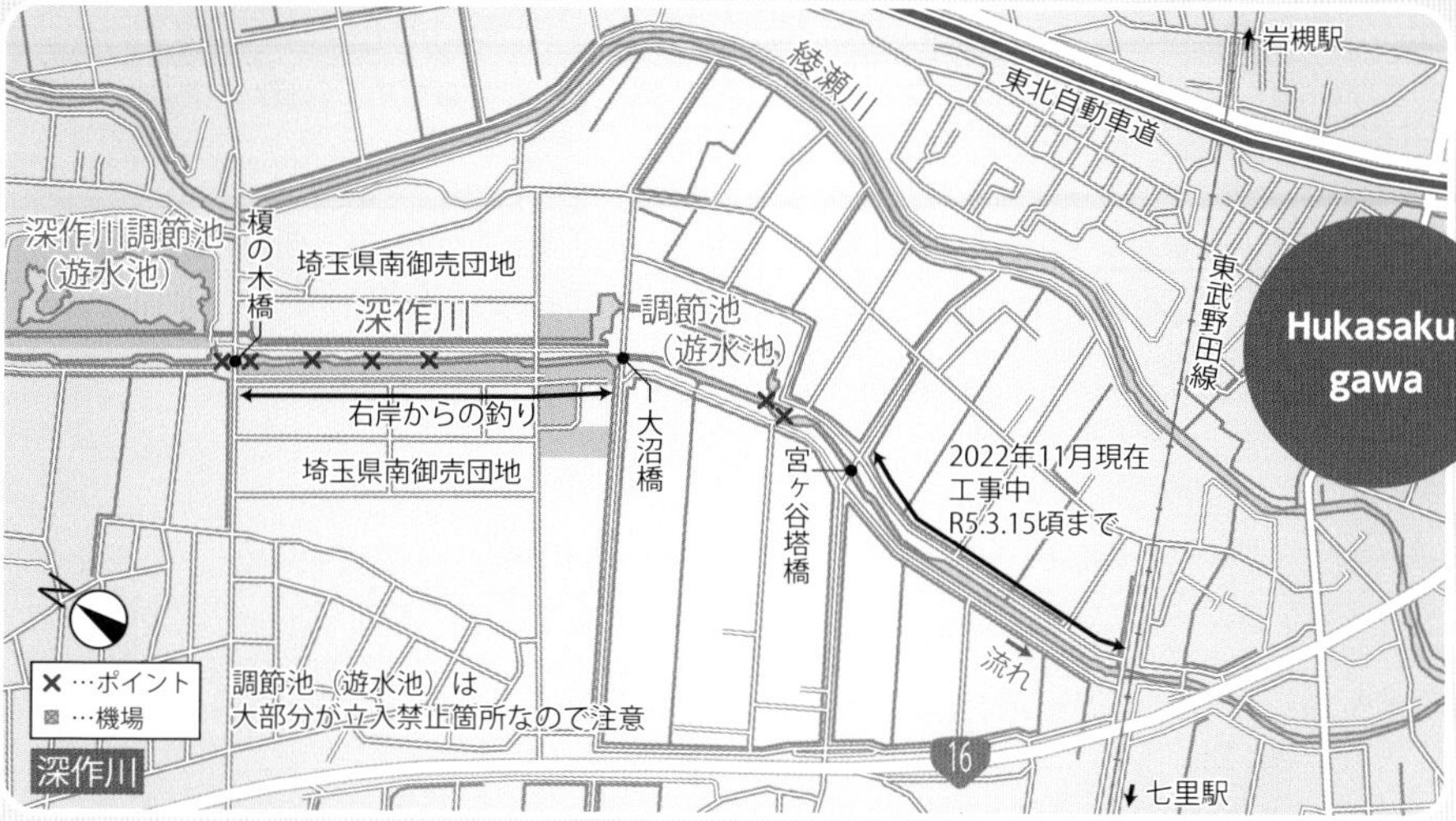

宮ヶ谷塔橋上流側の流れ

榎の木橋上流

榎の木橋下流のポイント

榎の木橋下流はこんな場所もねらいめ

8寸サイズ

千葉県一宮町

一宮川

ハゼ

他の魚種

セイゴ

シーズン後半はスピニングタックルが有利

千葉県長生郡《ちょうせい》一宮町を流れる一宮川。

20年前、外房の東浪見《とらみ》のホソへ秋のマブナ釣りに行った帰り道、一宮川に架かる新一宮大橋下流に大勢釣り人がいた。見ていると次々にジャンボなハゼを釣りあげていて衝撃的だったことを今でも覚えている。その場でアオイソメを購入し、持っていた仕掛けでねらうと15〜16㎝の良型がギュンギュンとサオを絞った。これに気をよくして以後、足しげく通ったものである。

現在の一宮川は中之橋から新一宮大橋下流までの両岸に防潮堤が整備され

ている。新一宮大橋下流は護岸に降りられる階段があるが、中之橋から新一宮大橋までの間は一部を除き護岸に降りることが難しい。

一宮川最下流に架かる新一宮大橋（人道橋はかもめ橋）下流一帯は以前からの好ポイントで、2022年晩秋でもハゼは釣れていた。僕が現在おすすめするのは、JR外房線鉄橋下流にある新生橋から中之橋の間。ここにはまだ防潮堤が建設されていない。右岸の土手や左岸の所々にあるテラスに降りて釣りができ、駅から近いので釣り鉄向きだ。

秋から晩秋は5〜6mの渓流ザオでも釣れるが、晩秋以降は2m前後のスピニングタックルのチョイ投げが広く探れる。オモリは1号でよく、ハリはシロギス用の50本連結バリを2本ずつカットして使用すると便利だ。エサはアオイソメでボリュームを持たせてエサ付けする。手持ちザオでアタリが出る場所は集中的にその周辺を探る。アタリがあったら即アワセしよう。

一宮川の魅力は何といってもハゼの大きさで、地元の人の話では12月頃までは楽しめるのではとのこと。2022年11月下旬の釣りでは2時間18尾のジャンボハゼの釣果であった。

一宮川に天ぷらサイズのハゼを釣りにきませんか？

ACCESS

クルマ

東金九十九里有料道路から九十九里有料道路を長生方面に走り、終点まで行くと一宮川に架かる新一宮大橋。

電車

JR 外房線上総一ノ宮駅下車。八積駅方面に線路沿いを 10 分ほど歩くと新生橋に出る。

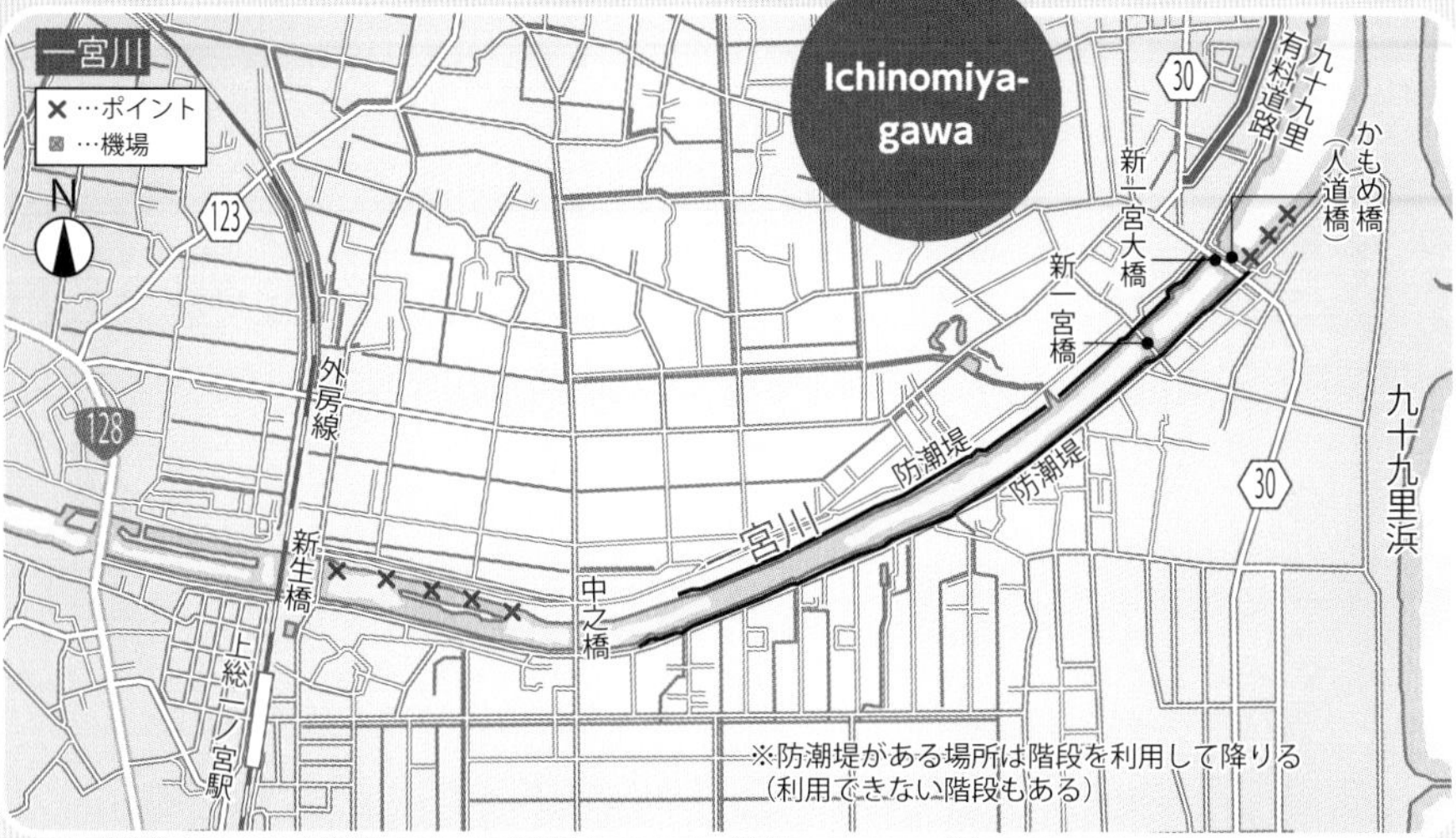

新一宮大橋下流右岸のポイント

防潮堤を降りる海岸

中之橋下流

新生橋下流のポイント

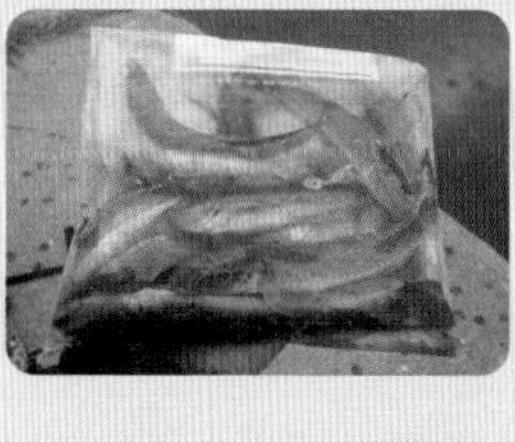
2時間の釣果

東京都江東区

豊洲ぐるり公園

ハゼ

他の魚種

クロダイ・シーバス・タチウオ

東京都江東区豊洲に2018年4月開園した豊洲ぐるり公園。豊洲市場がある豊洲埠頭をぐるりと囲む公園で、釣り場としても開放されている。ルールは投げ釣り禁止・撒きエサ禁止・ゴミは持ち帰る・釣り禁止エリアありなど。魚種は豊富でハゼ・クロダイ・シーバスのほかタチウオも釣れるらしい。僕がおすすめするのはもちろんハゼ。ぐるり公園から見えるレインボーブリッジ側は水深があり、運河から落ちてきたハゼが溜まる落ちハゼのポイントなのだ。2m前後のスピニングタックルによるチョイ投げで釣るのだが、振りかぶって投げることは禁止なのでアンダーハンドで仕掛けを投入する。足元から水深があるので遠くへ飛ばす必要は全くなく、足元でも釣れる。

レインボーブリッジを望みつつ落ちハゼ釣り

サオは軟らかいほうが食い込みがよいと感じるのでウルトラライトアクションを好んで使用。スピニングリールには0・6号PEラインを巻き、シロギス用のテンビンにナス型オモリ1～2号を付け、ハリはシロギス用50連結バリを2本ずつカットして使用する。

エサはアオイソメを2㎝にカットし房掛けにしてボリュームを持たせ、ハゼにアピールすると食い付きがよい。

仕掛け投入後はイトフケを取って手持ちザオで小さなアタリでも積極的に合わせる。コツッやコンッと手感に来るほか、サオ先を注視していると小さくチョンッと引き込まれるのもアタリだ。足元をねらうならばトントンと小突いて誘いをかけるのも効果的。

2022年12月中旬、レインボーブリッジを正面に釣りをした。1投目からハゼが釣れ、11時から15時までで最大17㎝、14～15㎝の良型中心で20尾。2023年1月上旬には従兄弟が8尾の落ちハゼを釣っている。

レインボーブリッジを遠望しながら落ちハゼ釣りをぜひ楽しんでほしい。防寒対策は万全にして、風邪をひかないように。エサなどは売っていないので持参のこと。

ACCESS

クルマ

首都高速晴海線・豊洲出口を降り、公園駐車場を利用する。

電車

ゆりかもめ市場前駅下車。

公園の釣り場なので手軽に楽しめる

これは良型！

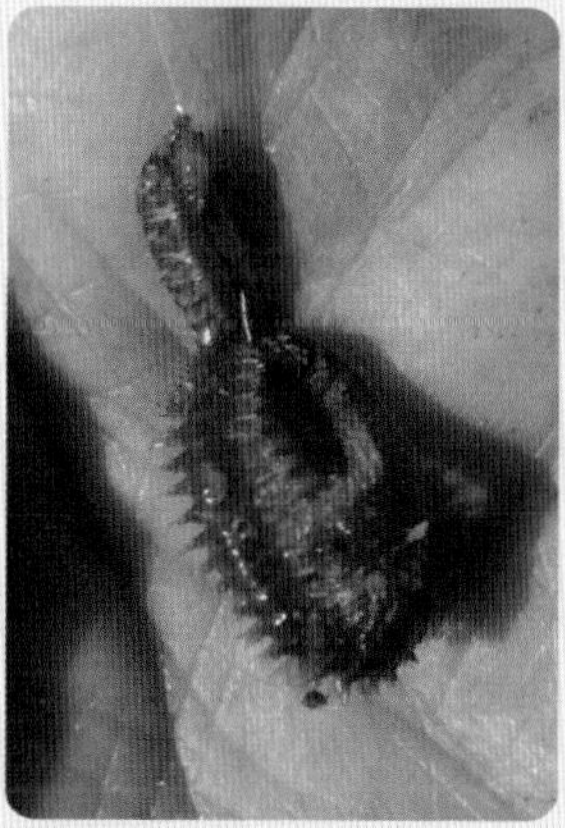

エサはたっぷりと装餌する

レインボーブリッジを望む

ルール＆マナーを守り
楽しく遊ぼう

東京都目黒区

清水池公園

クチボソ

他の魚種
ヘラブナ

東京都目黒区目黒本町。住宅街の中にぽつんとある清水池公園は目黒区内で唯一、釣りが楽しめる公園だ。ヘラブナねらいの人が多いが、クチボソ等もたくさんいる。小もの釣りファンとしてはねらわない手はないだろう。

釣りのルールを記すと4月1日から9月30日までは午前6時から午後6時、10月1日から3月31日までは午前7時から午後5時まで。利用休止日は毎週月曜日（月曜祝日の場合は釣り可。7月21日から8月31日までの月曜日も釣り可）と、池の浄化期間である6月

グルテンをメインに赤虫をアクセントで使う

24日から7月7日まで。子供広場前のテラスは釣り禁止。ヘラブナ釣りは底釣り・スレバリの使用・玉網の使用・即時リリースとなっている。

クチボソねらいは2m前後の小ものザオに、タナゴ仕掛けに準じた連動シモリ仕掛けがよくアタリを出してくれる。ハリはテトロン糸付きタナゴバリの流線や新半月など。

クチボソ釣りとはいえ、冬場は感度のよい繊細な仕掛けを使用したい。仕掛けは水面下でウキが止まるゼロバランスに整えることも重要だ。冬場はウキを勢いよく引き込むことが少なく、こうしておくことで小さなアタリでもウキがしっかりとツッと入る。

クチボソはどこにでもいる感じである。仕掛けを入れてみてアタリがある場所を探そう。

自動販売機前の排水口周辺で釣りをしてみた。ねらうタナは底のやや上がよく、消しゴム等を使ってしっかりとウキ下を調節したい。エサはグルテンと赤虫。はじめはグルテンで空打ちして魚を寄せる。アタリが出てきたらときどき赤虫を使うと目先を変えられて効果的。試釣時もグルテンをしっかり打ち、釣れ始めて少しアタリが遠くなった時に赤虫を使うと効果的であった。

子供広場には遊具もあり家族連れにもおすすめ。小規模ながら都内で釣りが楽しめる貴重な公園です。ルールの順守を忘れずに。

ACCESS

電車
JR 目黒駅より大岡山小学校前行バスで清水公園入口下車。または東急東横線学芸大学下車、徒歩 15 ～ 20 分。

公園内のこぢんまりとした池が釣り場

利用案内を遵守して楽しもう

クチボソはグルテンで寄せてときどき赤虫を使うと効果的

遊具で遊ぶファミリーも多い

栃木県栃木市

渡良瀬遊水地・谷中湖

ヤマベ

他の魚種
クチボソ・モロコ・ウグイ

栃木県南端の渡良瀬遊水地は栃木・群馬・茨城・埼玉4県にまたがる日本最大の遊水地。自然が豊かでバードウオッチングやサイクリング、散策等を楽しむ人が多く訪れる。釣りは谷中湖の谷中ブロック（エサ釣り）・南ブロック（ルアー・毛バリ釣り）で、北ブロックは釣り禁止。また橋の上からの釣りも禁止されているので注意したい。

僕が渡良瀬遊水地を訪れたのは今から30年も前だ。記憶では正月休みに訪れ、ワカサギやマブナが釣れていて多くの釣り人で賑わっていた。

4県にまたがる日本最大の遊水地で小もの釣り

２０２２年12月、久しぶりに訪れてみた。肝心の谷中湖には釣り人が見られない。遊水地内を歩き回っていると、谷中湖の東側を流れる池内水路東谷中橋の下流に大勢の釣り人を発見。現在はここが一番ポイントのようで、３ｍ前後のサオにハエウキを使った立ちウキ仕掛けでヤマベを釣っていた。

釣り人が多いので僕は橋の上流に入った。３ｍ渓流ザオにハエウキ仕掛けでタナは底付近（１～１・５ｍ）。消しゴム等を使って水深をしっかりと測りたい。エサはグルテンと赤虫を併用したが、サシもあるとよいだろう。

まずは仕掛けが馴染んだら空アワセでエサを落とし、魚を寄せる。ヤマベのほかにウグイ・モロコ・クチボソもいるのでアタリは早く出るはずだ。

12月に釣行した時も早い段階でアタリが出てヤマベが釣れてきた。ヤマベは回遊しているのか、バタバタッと釣れてはジャミばかりになるパターンが続き、11～13時の2時間でヤマベ20尾、ウグイ2尾、モロコ多数という釣果であった。厳寒期は厳しいだろうが12月までは充分楽しめる。穏やかな日を選んで釣行するとよいだろう。

近くには栃木・群馬・埼玉の三県境があるのでこちらも必見だ。

●下都賀漁業協同組合（TEL０２８５・２２・０４０２）。遊漁料日釣り５００円（現場売り５００円増）。

ACCESS

クルマ
東北自動車道・館林ICを降りR354を新古河方面へ。柏戸中交差点を左折して渡良瀬遊水地へ。

電車
東武日光線柳生駅下車。徒歩40分。途中に3県境あり。

Watarase-Yusuichi・Yanakako

東谷中橋上流側の水路

広大な渡良瀬遊水地

東谷中橋から水路下流側を望む

釣れたヤマベ

南ブロックはルアー、毛バリ釣り場

ここが埼玉・栃木・
群馬の３県境

神奈川県横浜市

大岡分水路

ハゼ

他の魚種
チンチン

神奈川県横浜市磯子区にある日清オイリオ横浜事業所とＩＨＩ横浜事業所の間を流れる大岡川分水路。工場の間を流れるうえに川自体も短く、見落としてしまいそうだが、秋から冬にかけてのハゼの好釣り場である。

釣り場はＲ３５７と首都高速湾岸線に架かる新森町高架橋から河口までの約５００ｍで、新森町高架橋から約３００ｍの所にあるＩＨＩ横浜事業所に渡る橋までは左岸からの釣り、その橋から河口までは両岸から釣りができる。河口には人道橋が架かっている。

見落としそうな規模の好釣り場

大岡川分水路は幅10ｍほどでフェンス越しの釣りになり、足場も高く２ｍ前後のスピニングタックルを使用したチョイ投げスタイルがやりやすい。僕の場合、７フィートのウルトラライトアクションのスピニングロッド（軟らかいサオのほうが食い込みがよいと思い愛用）、２５００番のスピニングリールにＰＥライン０・６号を巻き、シロギス用のテンビンにオモリ１号、ハリはシロギス用の50本連結バリを２本ずつカットして使うと楽だ。僕は、ささめ針の競技用アスリートキス５号を使用している。

エサはアオイソメで、この時期のエサ付けは、ハゼにアピールするため２㎝ほどにカットして房掛けにする。アタリはコンッやコツッとくるほか、サオ先がクックッと引き込まれる。

仕掛けを軽く投げたらイトを張り、手持ちザオで積極的にアタリを取りにいくことが釣果を伸ばすコツだ。小さなアタリでも合わせるとハゼはちゃんと掛かる。アタリがなければ仕掛けを手前に少しずつ引いてくる。

２０２２年晩秋の釣行では、まずは河口付近を探ったがポツポツ程度の釣果。ＩＨＩ横浜事業所に渡る橋の上流を投げて探るとこれが当たりで入れ食いになった。14～15㎝級を30尾。

積極的に探り歩いてアタリが多いポイントを探し出してほしい。きっと楽しいハゼ釣りを味わえるはずだ。

ACCESS

電車

JR 根岸線（京浜東北線）磯子駅下車。新杉田駅方面に 10 分ほど歩くと大岡川分水路に出る。

河口から上流側を見る

釣りは左岸から

良型が出た

チンチンも釣れる

河口風景

主な対象魚別 INDEX

マブナ・小ブナ
（※1＝ヘラブナ、※2＝オオタナゴ含む）

タナゴ・オオタナゴ
（※＝テナガエビ含む）

ハゼ

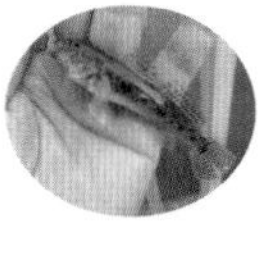

テナガエビ

（※＝1ハゼ、※2＝マブナ含む）

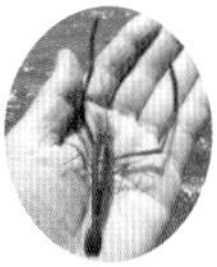

ヤマベ

（※＝マブナ含む）

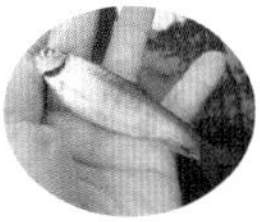

その他

主な仕掛け図例

マブナ仕掛け

ホソ・水路　上バリ遊動式2本バリ仕掛け

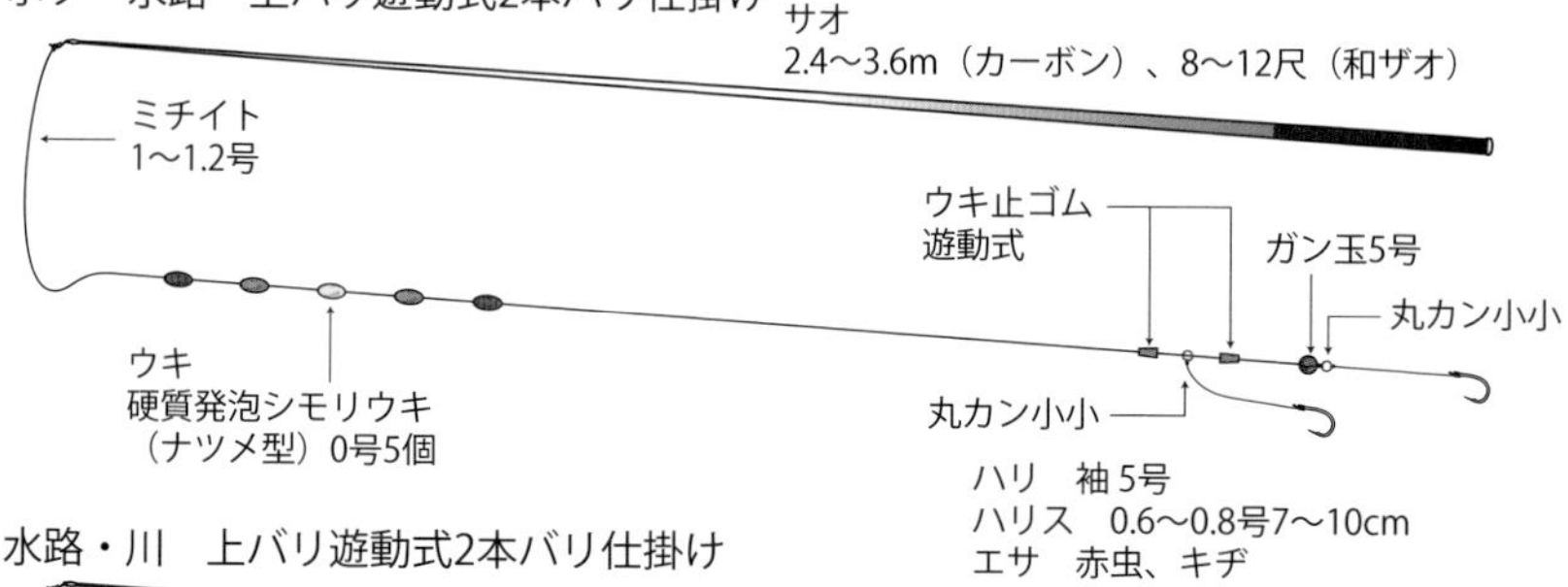

水路・川　上バリ遊動式2本バリ仕掛け

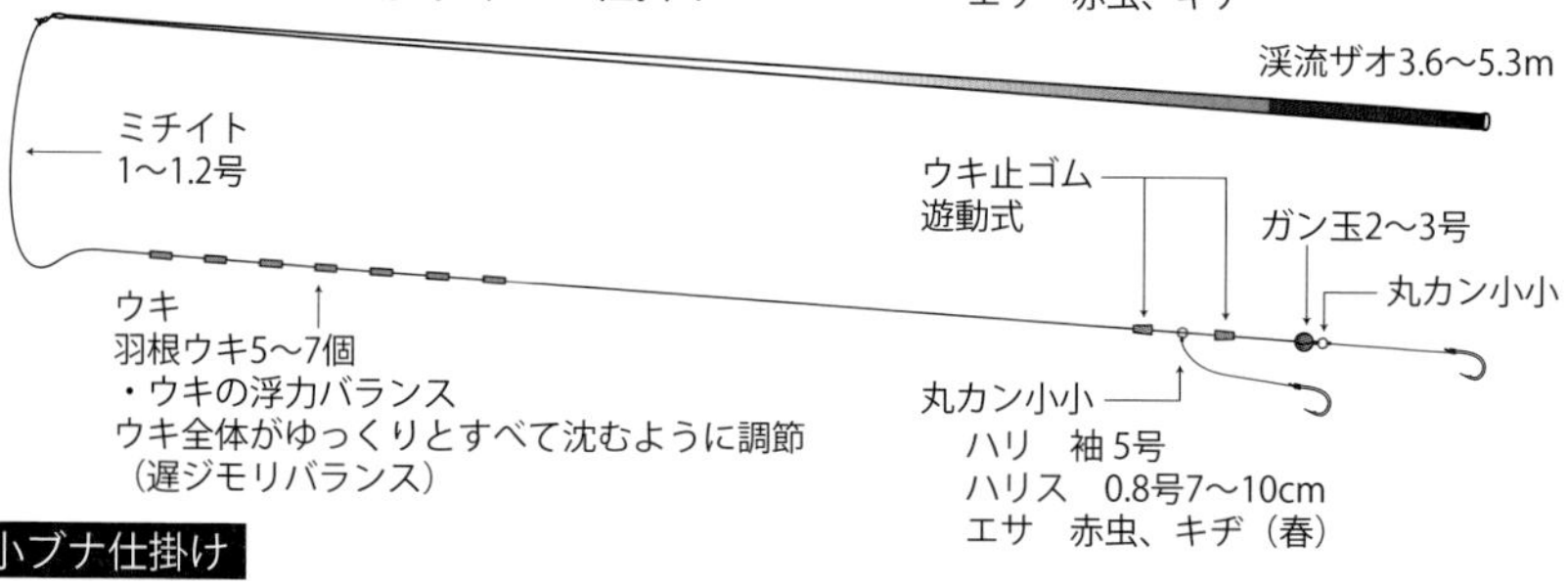

小ブナ仕掛け

探り釣り　上バリ遊動式2本バリ仕掛け

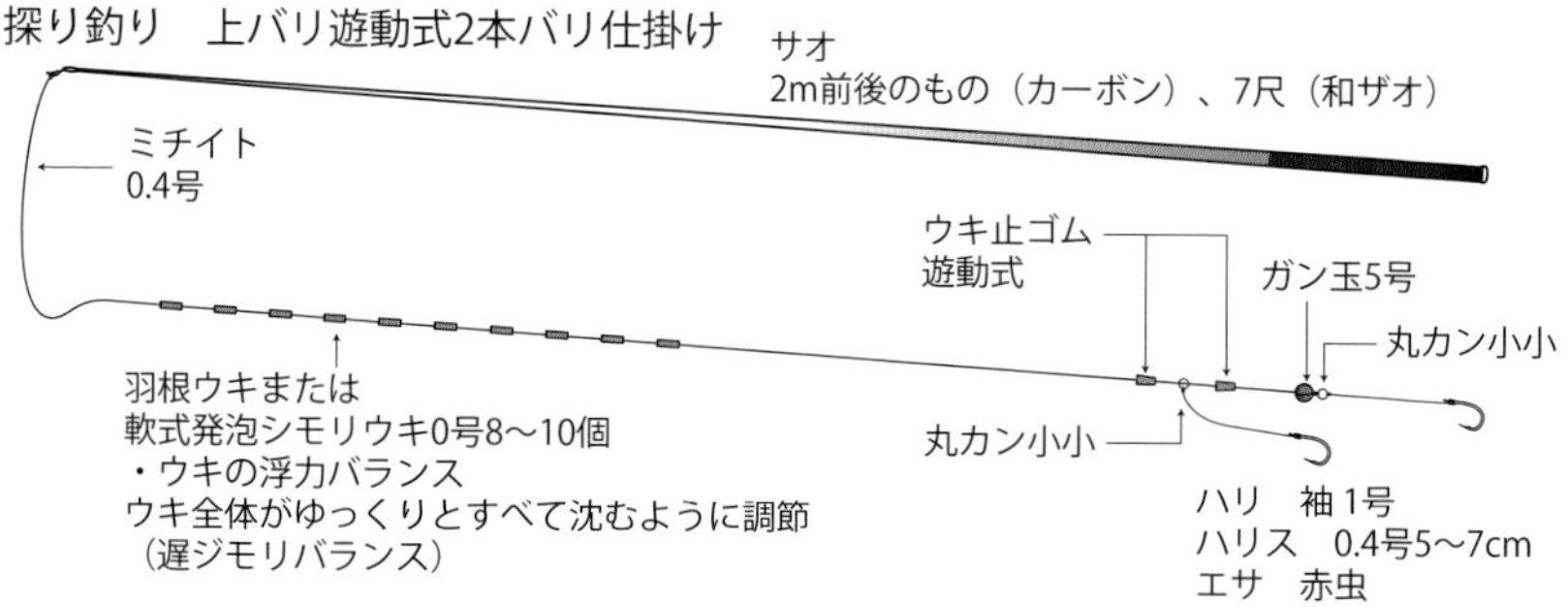

エンコ釣り

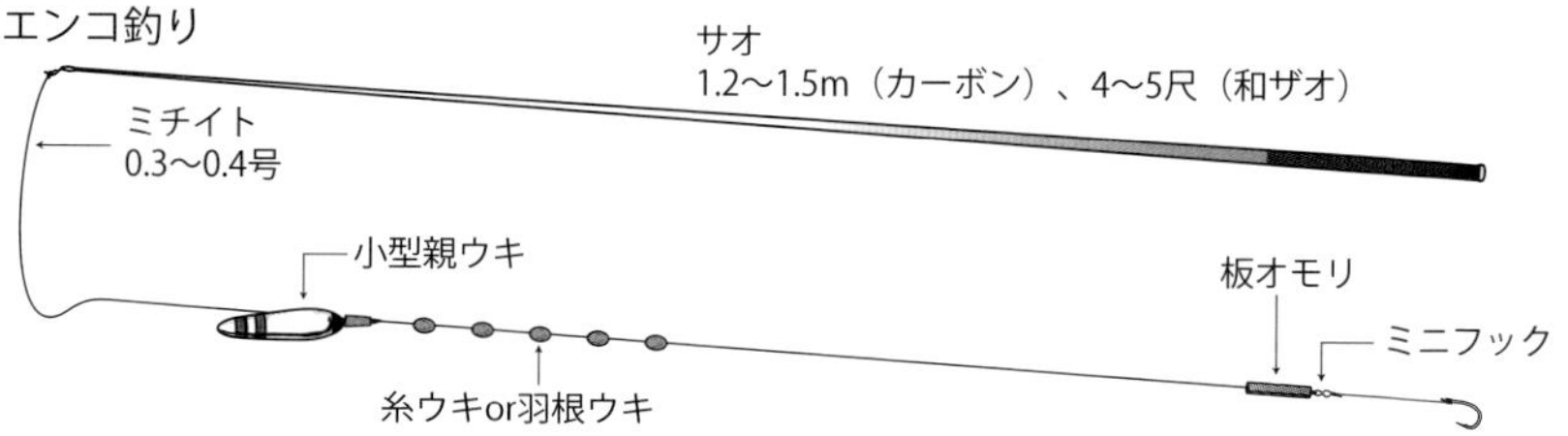

・ウキの浮力バランス
親ウキが水面下で止まるゼロバランス
ウキがゆっくりと沈んでいく
遅ジモリバランス

ハリ　袖1号またはテトロン糸付タナゴバリ
（新半月、半月、流線）
ハリス　テトロン3cmまたは0.3〜0.4号5cm
エサ　グルテン、赤虫

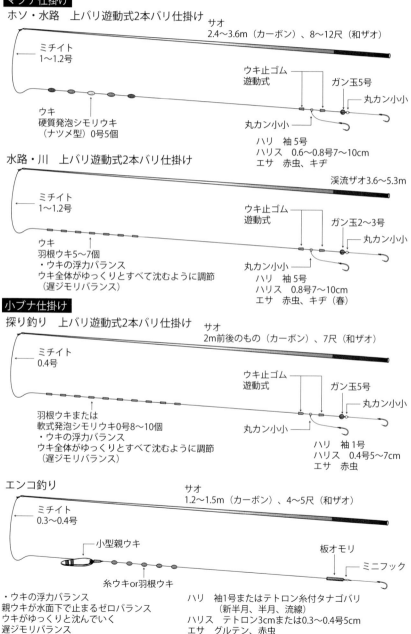

小ブナ・イッテコイ式2本バリ仕掛け

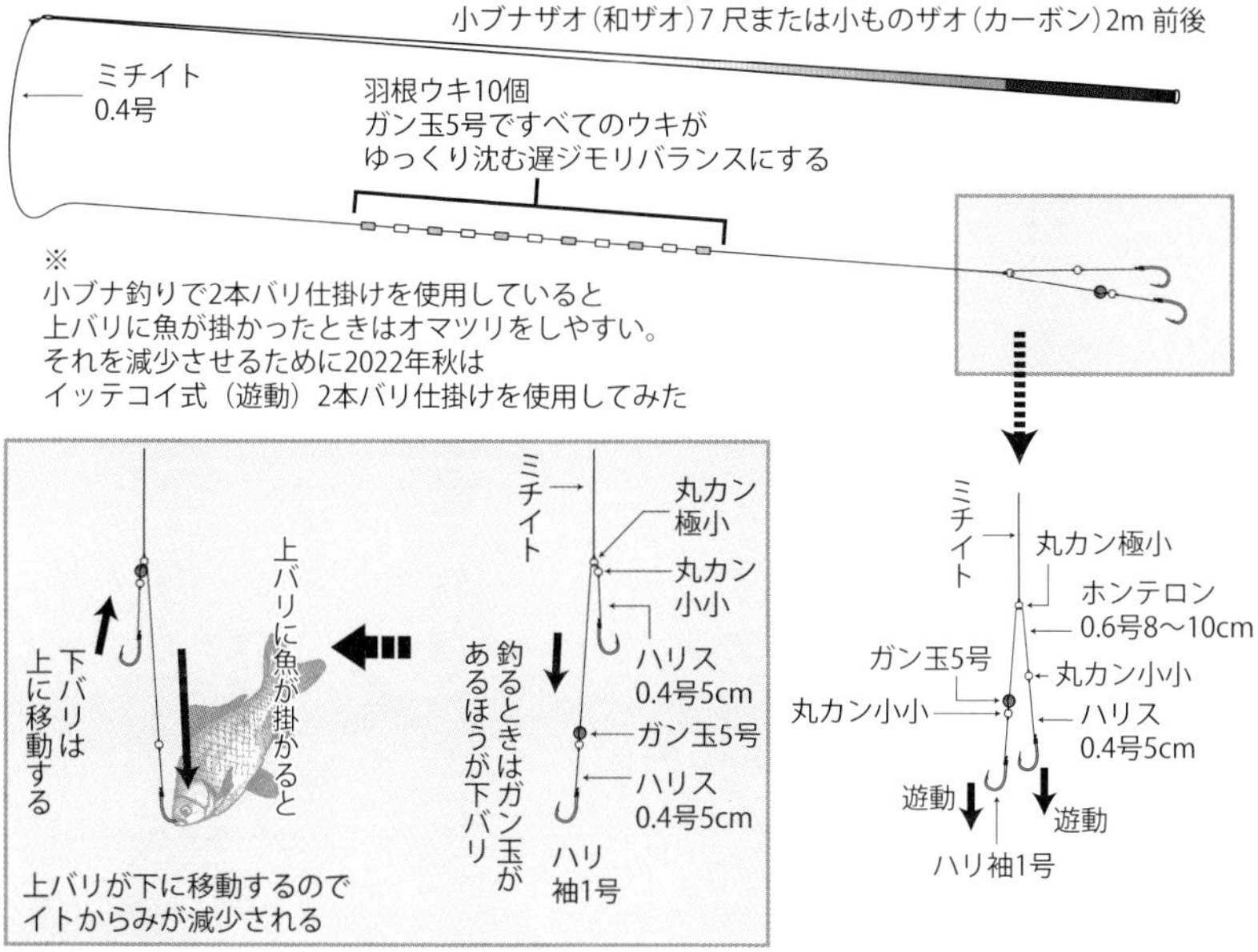

小ブナザオ（和ザオ）7 尺または小ものザオ（カーボン）2m 前後
ミチイト
0.4号
羽根ウキ10個
ガン玉5号ですべてのウキが
ゆっくり沈む遅ジモリバランスにする
※
小ブナ釣りで2本バリ仕掛けを使用していると
上バリに魚が掛かったときはオマツリをしやすい。
それを減少させるために2022年秋は
イッテコイ式（遊動）2本バリ仕掛けを使用してみた
ミチイト
丸カン極小
ホンテロン
0.6号8〜10cm
ガン玉5号
丸カン小小
丸カン小小
ハリス
0.4号5cm
遊動
遊動
ハリ袖1号
ミチイト
丸カン
極小
丸カン
小小
ハリス
0.4号5cm
ガン玉5号
ハリス
0.4号5cm
ハリ
袖1号
釣るときはガン玉が
あるほうが下バリ
上バリに魚が掛かると
下バリは
上に移動する
上バリが下に移動するので
イトからみが減少される

タナゴ仕掛け

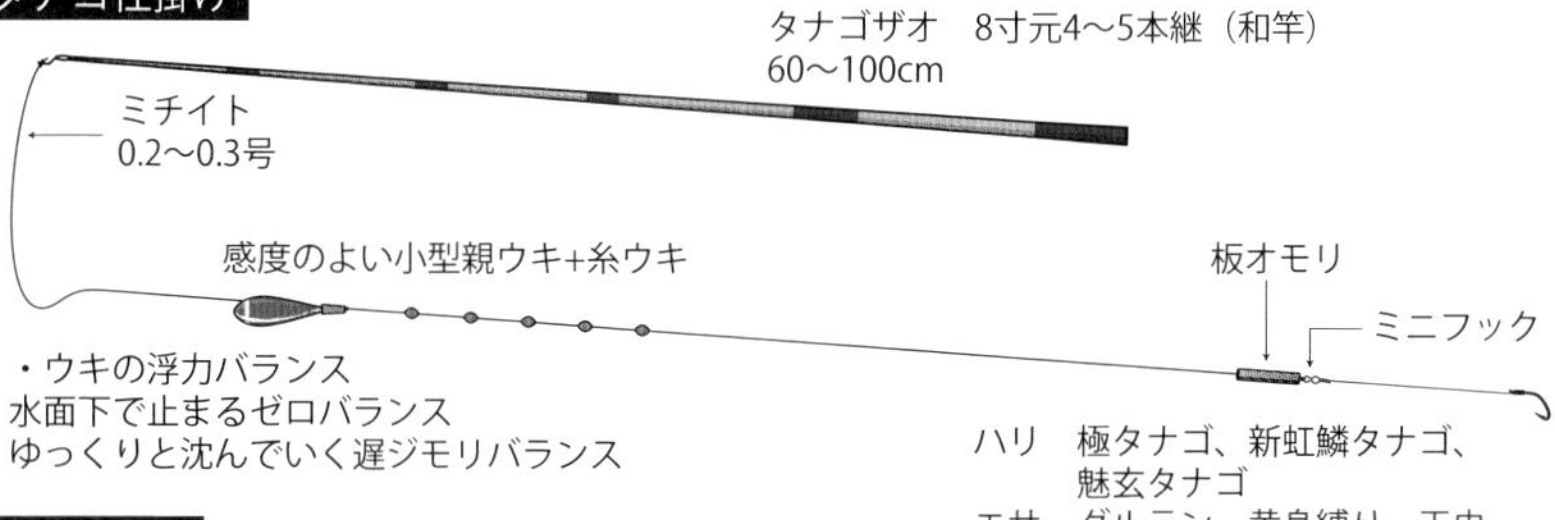

タナゴザオ　8寸元4〜5本継（和竿）
60〜100cm
ミチイト
0.2〜0.3号
感度のよい小型親ウキ+糸ウキ
板オモリ
ミニフック
・ウキの浮力バランス
水面下で止まるゼロバランス
ゆっくりと沈んでいく遅ジモリバランス
ハリ　極タナゴ、新虹鱗タナゴ、
魅玄タナゴ
エサ　グルテン、黄身縛り、玉虫

ハゼ仕掛け

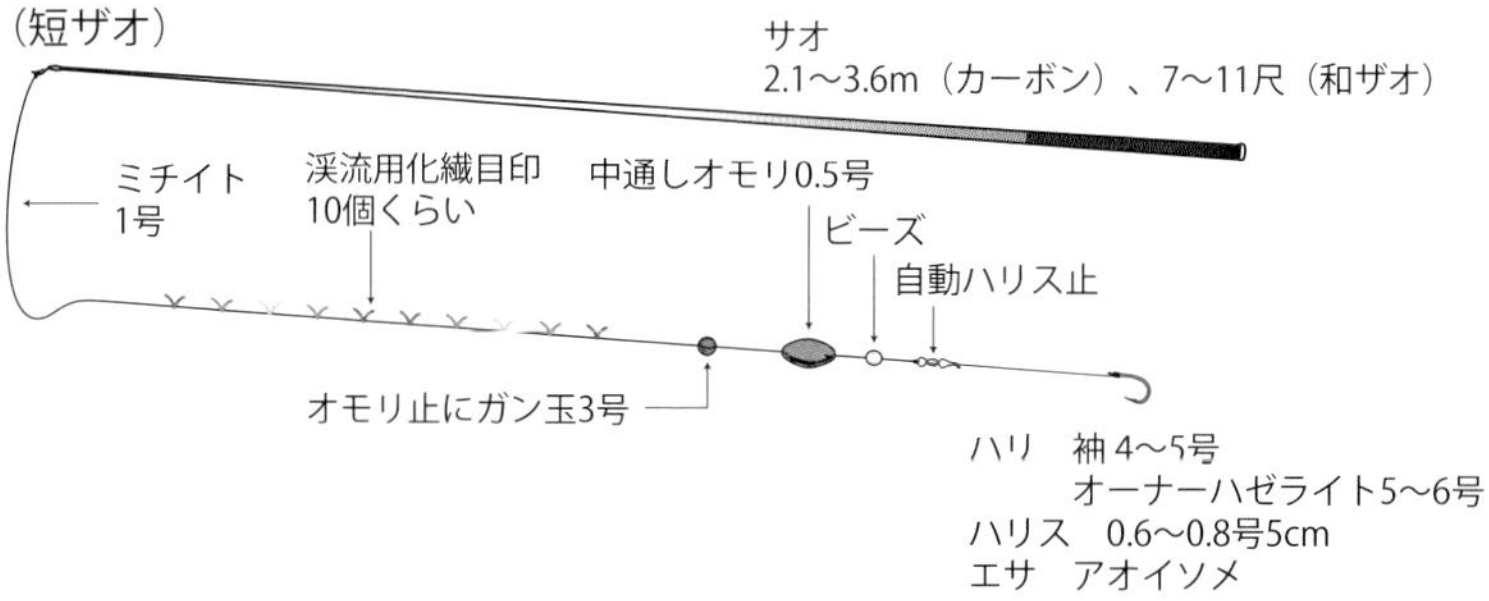

（短ザオ）
サオ
2.1〜3.6m（カーボン）、7〜11尺（和ザオ）
ミチイト
1号
渓流用化繊目印
10個くらい
中通しオモリ0.5号
ビーズ
自動ハリス止
オモリ止にガン玉3号
ハリ　袖 4〜5号
オーナーハゼライト5〜6号
ハリス　0.6〜0.8号5cm
エサ　アオイソメ

ハゼ仕掛け

（長ザオ）

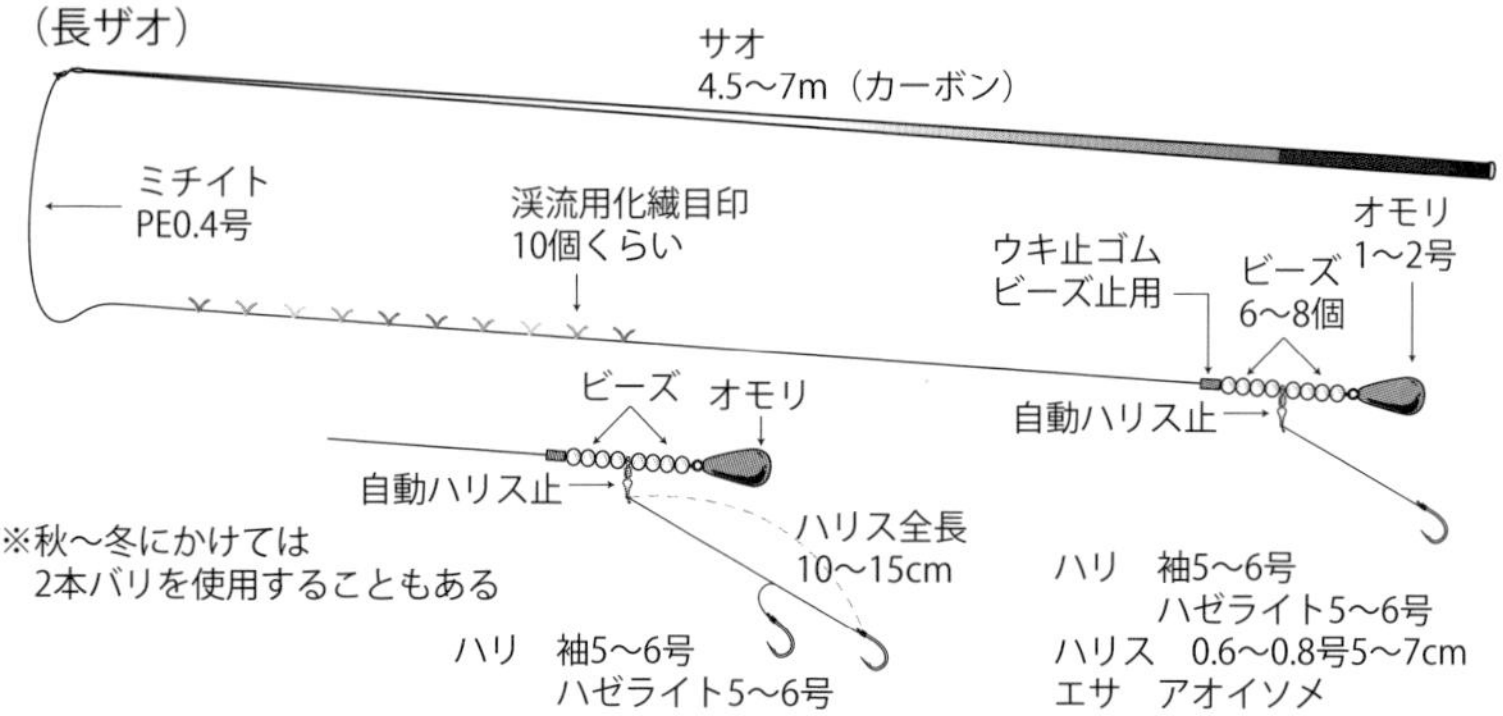
サオ
4.5〜7m（カーボン）
ミチイト
PE0.4号
渓流用化繊目印
10個くらい
ウキ止ゴム
ビーズ止用
ビーズ
6〜8個
オモリ
1〜2号
自動ハリス止
ビーズ
オモリ
自動ハリス止
※秋〜冬にかけては
2本バリを使用することもある
ハリス全長
10〜15cm
ハリ　袖5〜6号
ハゼライト5〜6号
ハリ　袖5〜6号
ハゼライト5〜6号
ハリス　0.6〜0.8号5〜7cm
エサ　アオイソメ

チョイ投げ

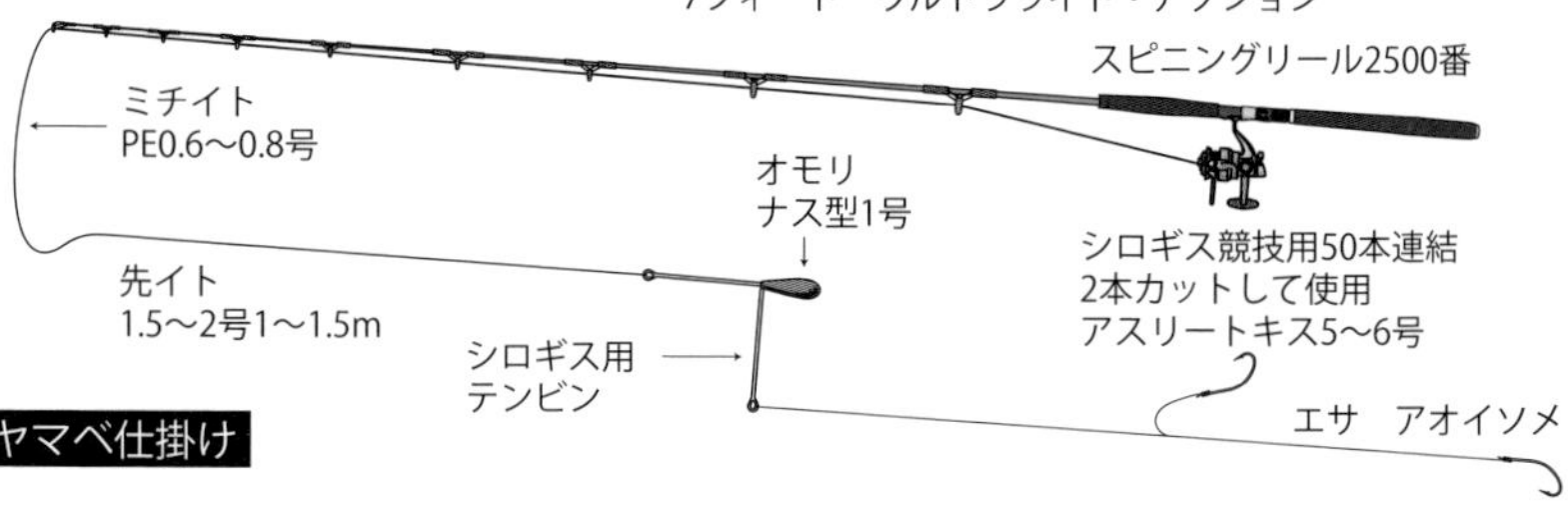
サオ
7フィート　ウルトラライト・アクション
スピニングリール2500番
ミチイト
PE0.6〜0.8号
オモリ
ナス型1号
シロギス競技用50本連結
2本カットして使用
アスリートキス5〜6号
先イト
1.5〜2号1〜1.5m
シロギス用
テンビン
エサ　アオイソメ

ヤマベ仕掛け

フカセ釣り

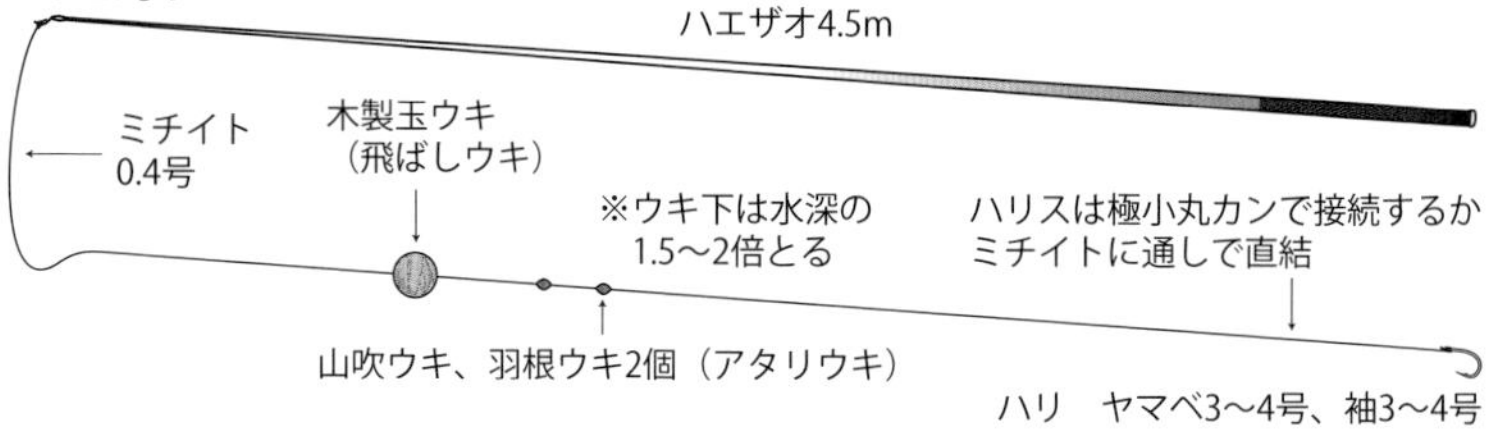
ハエザオ4.5m
ミチイト
0.4号
木製玉ウキ
（飛ばしウキ）
※ウキ下は水深の
1.5〜2倍とる
ハリスは極小丸カンで接続するか
ミチイトに通しで直結
山吹ウキ、羽根ウキ2個（アタリウキ）
ハリ　ヤマベ3〜4号、袖3〜4号

立ちウキ釣り

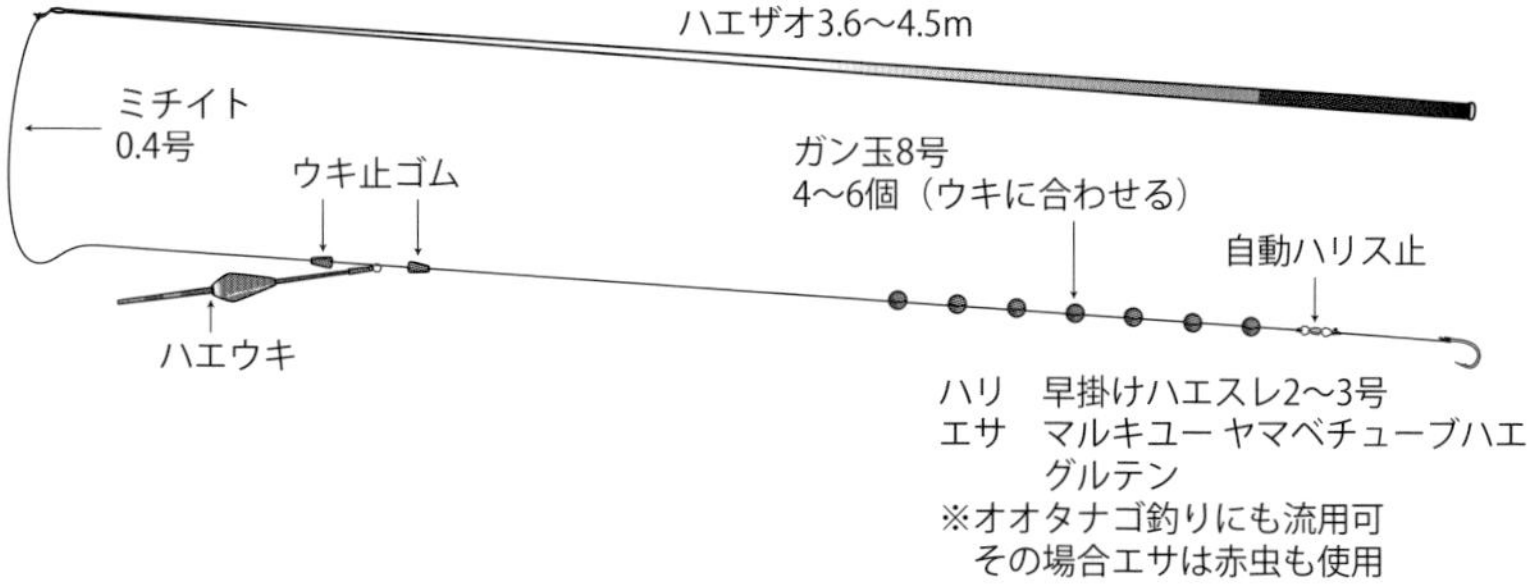
ハエザオ3.6〜4.5m
ミチイト
0.4号
ウキ止ゴム
ガン玉8号
4〜6個（ウキに合わせる）
自動ハリス止
ハエウキ
ハリ　早掛けハエスレ2〜3号
エサ　マルキユー ヤマベチューブハエ
グルテン
※オオタナゴ釣りにも流用可
その場合エサは赤虫も使用

ヤマベ仕掛け

毛バリ釣り

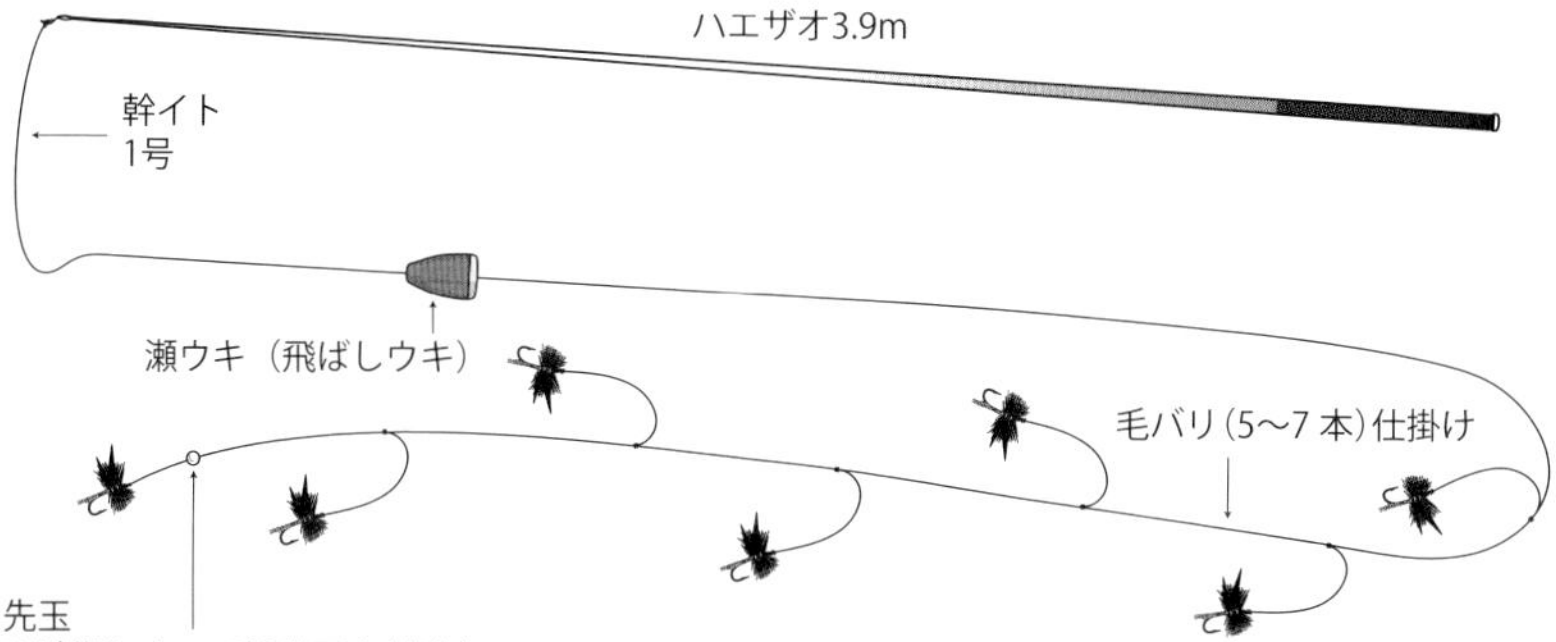

※時期によっては先玉を付けない
　吹き流し仕掛けを使用することもある

※毛バリ仕掛けの部分がサオよりも長くなるようにする
毛バリ仕掛けは市販品でも可
（著者が自分で結んでいる毛バリは、
音羽、赤クジャク、金血丸、清姫、二葉、菊水、
カラス、こだま、赤城1号、血丸、かげろうなど）

テナガエビ仕掛け

玉ウキ仕掛け

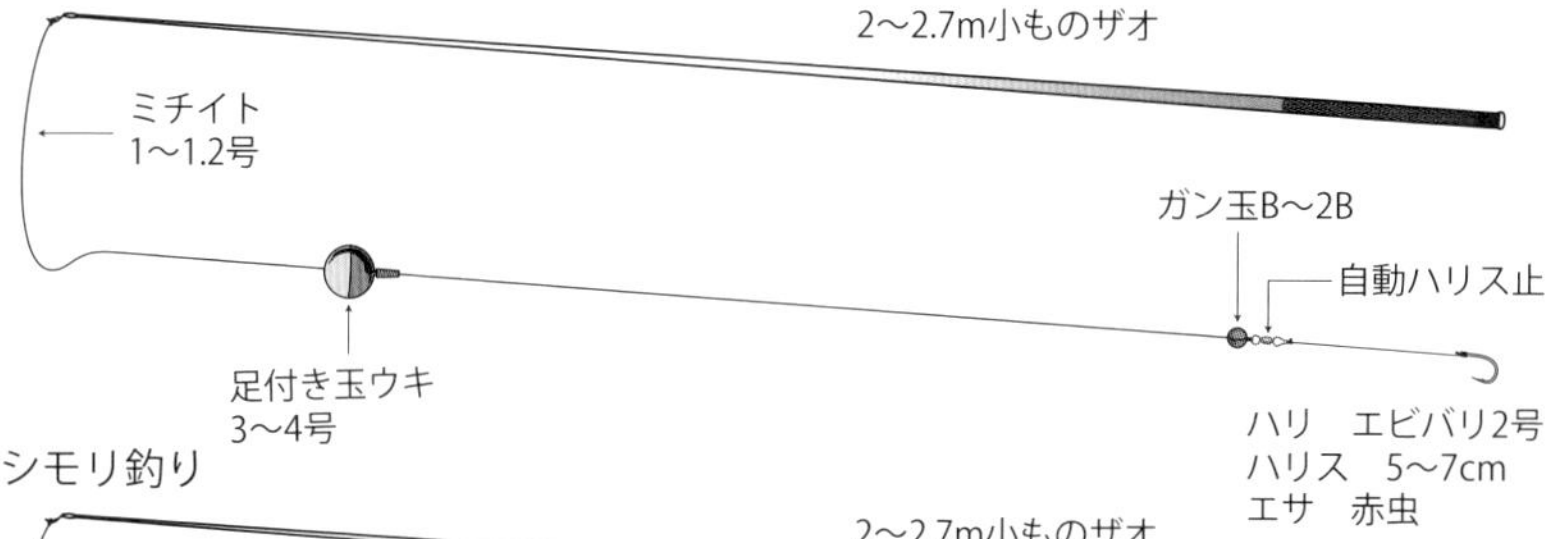

シモリ釣り

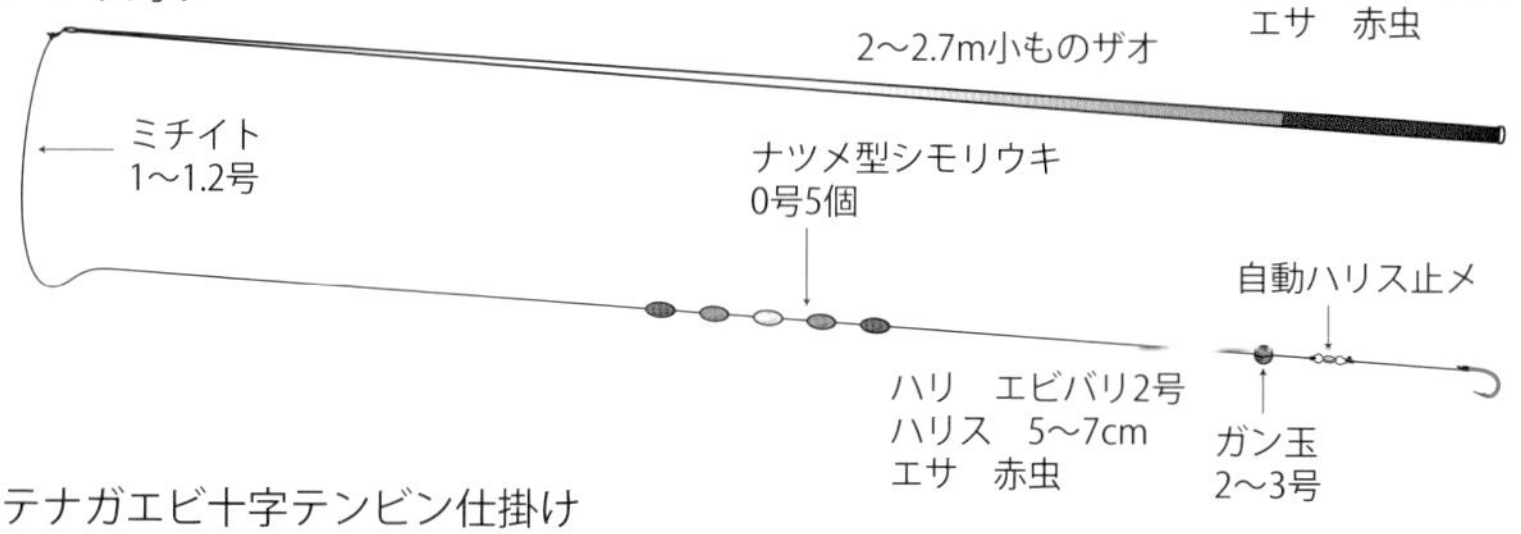

テナガエビ十字テンビン仕掛け

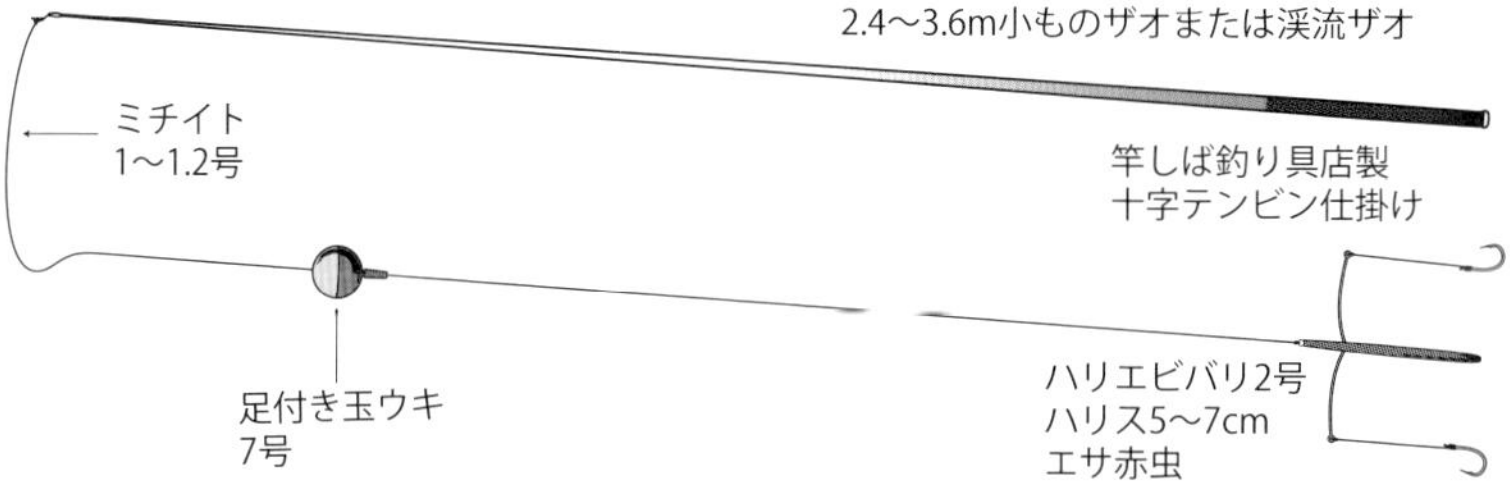

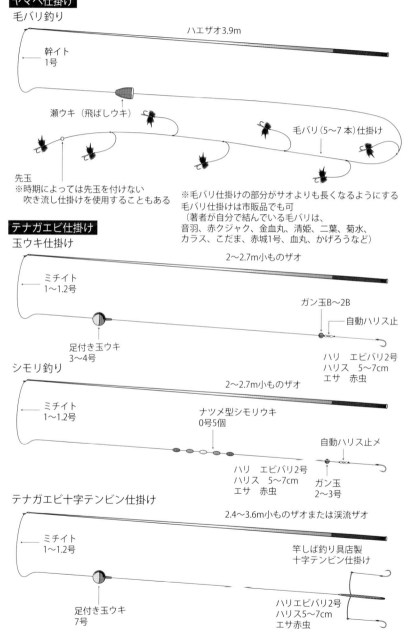

著者プロフィール

坂本和久（さかもと・かずひさ）

東京都中野区在住。淡水小もの釣りとローカル線が大好きな「釣り鉄」でマブナフリーク。マブナの探り釣りとヤマベの毛バリ釣りが大好き。近年は訪れた土地のよさを堪能しながら釣りを楽しんでいる。行きたい釣り場、地域がまだまだたくさんあることが日々の活力源であり、北陸、関西、九州などにも遠征したいと思う今日この頃である。

令和版《れいわばん》 困《こま》った時《とき》はココ！ 東京近郊《とうきょうきんこう》キラキラ釣《つ》り場《ば》案内《あんない》60　Part3

タナゴ、フナ、ヤマベ、ハゼ、テナガエビ

2023年5月1日発行

著　者　坂本和久
発行者　山根和明
発行所　株式会社つり人社

〒101-8408　東京都千代田区神田神保町1-30-13
TEL 03-3294-0781（営業部）
TEL 03-3294-0766（編集部）
印刷・製本　港北メディアサービス株式会社

乱丁、落丁などありましたらお取り替えいたします。

ISBN978-4-86447-712-3 C2075
つり人社ホームページ　https://tsuribito.co.jp/
つり人オンライン https://web.tsuribito.co.jp/
釣り人道具店　http://tsuribito-dougu.com/
つり人チャンネル（You Tube）　https://www.youtube.com/channel/UCOsyeHNb_Y2VOHqEiV-6dGQ